城市研究系列

Urban Studies

城市研究系列

主　　编　周　宪　［加］罗伯·希尔兹

项目总监　王瑞书

项目执行　任　晖

城市与全球资本主义

Cities In Global Capitalism

[意] 乌戈·罗西 著
国荣 译

城市研究系列
Urban Studies

江苏凤凰教育出版社
Phoenix Education Publishing, Ltd

图书在版编目(CIP)数据

城市与全球资本主义 / (意) 乌戈·罗西著; 国荣译. —南京: 江苏凤凰教育出版社, 2020.11
ISBN 978-7-5499-8892-1

Ⅰ. ①城… Ⅱ. ①乌… ②国… Ⅲ. ①城市经济—关系—资本主义经济—研究—世界 Ⅳ. ①F299.1②F112.7

中国版本图书馆 CIP 数据核字(2020)第 148034 号

书　　名 城市与全球资本主义
作　　者 [意] 乌戈·罗西
译　　者 国　荣
责任编辑 洪淑娴
出版发行 凤凰出版传媒股份有限公司
江苏凤凰教育出版社(南京市湖南路 1 号 A 楼　邮编 210009)
苏教网址 http://www.1088.com.cn
照　　排 南京紫藤制版印务中心
印　　刷 江苏凤凰通达印刷有限公司(电话 025-57572508)
厂　　址 南京市六合区冶山镇(邮编 211523)
开　　本 787 毫米×1092 毫米　1/16
印　　张 13
版　　次 2020 年 11 月第 1 版
2020 年 11 月第 1 次印刷
书　　号 ISBN 978-7-5499-8892-1
定　　价 48.00 元
网店地址 http://jsfhjycbs.tmall.com
公 众 号 苏教服务(微信号:jsfhjyfw)
邮购电话 025-85406265,025-85400774,短信 02585420909
盗版举报 025-83658579

苏教版图书若有印装错误可向承印厂调换
提供盗版线索者给予重奖

出版说明

城市研究领域很深广，涉及多学科内容。经济、政治、文化、环境、资源、规划、可持续发展等主题，都与城市有关。这些主题大致涵盖了实体的物质空间和抽象的文化空间，也许在一定程度上与当代生活有关的问题大多是城市问题。

“城市研究系列”即是对中国城市化进程中可能遭遇的各种问题在理论上的一种回应。“系列”以经典性与前沿性为导向，理论研究与实证研究并重。在内容方面重点关注与城市主题有关的经典性著作、各学术流派的代表作、当代前沿问题研究、城市研究新理论、城市文化现象与发展方向的探讨等。这些内容不仅追溯了城市发展的历史进程中诸多富有影响力的节点，也契合了当前社会的热点和趋势。

“城市研究系列”既重视国外先进的城市研究著作的引入，也重视国内城市研究领域中优秀的原创著作的出版。我国的城市研究起步较晚，引入国外先进的学术理论，其目的是丰富我们认识城市的路径，建立更加科学的观照体系，从而形成并完善我们本土的城市理论系统建构。

作为中国城市化进程的目击者、参与者、解释者、引领者，我们有责任告诉世界这个历史悠久的农业大国在这一巨大的城市化转型中所发生的一切。而城市本身所具有的多样性与复杂性，也值得我们去探究，去呈现，去引领。

我们期待“城市研究系列”这一高水准的中外城市理论研究出版平台所带来的新角度和新方法，所开启的新视野，所探讨的新问题，能为我国新型的城市化进程提供充分的学术支持。

江苏凤凰教育出版社

目　录

致谢

20世纪90年代中期，我还在那不勒斯东方大学学习政治学的时候，就开始对当代资本主义的转型——福特主义的危机与后福特主义社会的转型——感兴趣，而在过去的六七年间，我一直在更具体地思考城市与资本主义的关系。我第一次走进这个领域，是因为我受《城市研究百科全书》（*Encyclopedia of Urban Studies*）杂志的编辑雷·哈奇森（Ray Hutchison）的邀请，撰写两个词条：一个是关于"资本主义城市"，一个是关于"曼纽尔·卡斯特尔（Manuel Castells）"（Rossi，2010a；Rossi，2010b）。我之前的研究对象主要是关于后福特主义与新自由主义时代城市经济发展理论化的概念问题，而此次约稿使我有机会对20世纪70年代以来的批判性城市理论的演变进行系统的理解。同时，在过去十年的研究中，我一直在探讨一系列的范畴问题，比如说创新城市、智慧城市和创业城市，这些激发了我对当代资本主义城市现实的反思。

尽管本书所呈现的思想源于我长期以来对后福特主义时代资本主义的概念化及其与城市现象的关系的思考，但是这本书的写作并没有花费我那么多时间，确切地说，也就是一年多一点的时间，从 2015 年春到 2016 年夏。在这一年中，我有机会与同事和学生们分享我的想法，并与他们讨论各章的书稿。2015 年 4 月，我在芝加哥参加美国地理学年会，与在加拿大多伦多大学任教的特蕾莎·恩赖特（Theresa Enright）一起，组织了有关“晚期新自由主义的城市政治”研讨会。特蕾莎读了我手稿中的几个章节，也给了我很多有价值的反馈。在过去的几个月里，我跟特蕾莎分享了我对后危机时代全球资本主义与城市状况的矛盾的反思，并在本书中提出了这些想法，还将在未来几年进行更深入的研究。2015 年 5 月，我受伯恩德·贝利纳（Bernd Belina）之邀，前往德国的法兰克福歌德大学人文地理研究所，做了题为“全球经济衰退中的南欧城市”的报告，作为他“全球化的地理分布”硕士课程的一部分。与伯恩德、其他同事以及修课学生的交流，为我提供了一个充满活力的学术环境，加深了我的思考，尤其是我对 2008 年经济危机的理解，这也是本书的一个重点。在法兰克福，我还遇见了萨米·莫伊西奥（Sami Moisio），他当时也在人文地理系访问。2016 年 4 月，萨米邀请我去他任教的芬兰赫尔辛基大学讲学，那时候，我的写作已经进入尾声，在他开设的城市地理课上我讲述了我的一些观点。这次演讲让我有机会理清本书的结构，尤其是作为章节标题的术语的含义。

2015 年 12 月，我应曼纽尔·阿尔伯斯（Manuel Aalbers）的邀请，到比利时的鲁汶大学地理系分享我的研究成果，他刚好与克里斯·凯斯特鲁特（Chris Kesteloot）一起讲授一门硕士课程——“城市发展中的政治经济学”。鲁汶大学的政治经济学环境，还有曼纽尔、克里斯、受邀作为讨论者的来自安特卫普大学的斯蒂金·奥斯特林克(Stijn Oosterlynck)以及在座的学生所提出的发人深省的问题,帮我理清了对知识密集型资本主义的理解,同时让我能够超越政治经济学的理论框架,更加深入地思考这个问题。在这里,我也要感谢曼纽尔认真审读我的手稿的几个部分,尤其是第一章和第三章。

同样,我也感谢美国路易斯维尔大学的莉萨·比约克曼(Lisa Björkman),她不但拨冗阅读本书的一些章节,还提出了建设性的建议。2016年3月,我和莉萨一起,在那不勒斯组织研究生进行了为期一周的实地考察,主要是考察经济衰退后的城市基础设施政治问题,重点关注以共有为主导的社会运动的兴起。她对我于其中成长并且走上学术道路的这座城市的热情,以及她作为一个"局外人"的观点,让我认识到了,在南部,包括欧洲南部,研究城市的重要性,它可以让我们更好地理解在今天这个转型时期的当代城市主义。在那不勒斯实地考察期间,我也与在德国魏玛包豪斯大学攻读城市学博士学位的安德里亚·瓦里亚来(Andrea Varriale)交流了我的想法。她阅读了我的书稿,也提出了非常有用的评价。我还要感谢在澳大利亚皇家墨尔本理工大学任教的劳伦·里卡兹(Lauren Rickards),我们共同编辑《人文地理学对话》(*Dialogues in Human Geography*)杂志,特别是该杂志的图书论坛栏目,之所以感谢他是因为我们一直在讨论,我们是否还需要社会科学,特别是地理方面的学术书籍,因为现在学术界越来越像期刊生产线了。

我在所定居的图灵市收到了大量来自阿尔贝托·瓦诺洛(Alberto Vanolo)、安娜·保拉·奎哥利亚(Anna Paola Quaglia)和萨曼沙·塞内尔(Samantha Cenere)对书稿的反馈。后面两位是我的博士研究生，他们是米兰理工学院和图灵大学城市与区域发展专业的学生，我在那儿教"城市研究中的批判性与反思性方法论"课程。我和阿尔贝托的交流更多，六年前，我们曾经合作过一本书——《城市政治地理：一种全球视角》(*Urban Political Geographies: A Global Perspective*)，从那以后，我俩关于城市和城市研究的话题就再也没有间断过(Rossi and Vanolo，2012)。对我而言，以一种相互交流的方式指导安娜·保拉和萨曼莎的论文，本身就是一个重要的学习过程，特别是有关以科技为主导的城市经济和社会的转型方面的内容，因为他们二人的博士论文对此都有所涉及。

在本书撰写过程中，我的编辑 Jonathan Skerrett 一直在支持我，并提出建议，让我受益良多。同时，我也特别感谢三位匿名审稿人，他们对初稿的批评与建议也让我受益匪浅。我也非常感激本书责任编辑 Helen Gray，她的认真和高效让我非常敬佩。当然，毫无疑问，如果书稿有任何问题，都是我一个人的责任。最后，但显然并非不重要，我怀着同样的感恩之心，将此书献给我的女儿 Rebecca，是她赋予我能量，让我超越今天和明天的束缚；也将此书献给我的妻子 Elisabetta，她的爱与学术上的建议，对我来说无比珍贵。

本书为原创作品，但是有些地方跟我之前的文章有关。第二章和第四章的部分内容曾经在 2014 年以意大利语发表于一本主要用于教学的书——《经济和政治地理》(*Geografia Economica e Politica*)，题目分别为《当代经济中的城市空间》('Gli spazi urbani nell'economia contemporanea')和《全球资本主义地理》('Geografie del capitalism globale')，该书是我和图灵大学的同事塞尔吉奥·孔蒂(Sergio Conti)、保罗·贾卡里亚(Paolo Giaccaria)和卡洛·

斯隆（Carlo Salone）共同撰写完成的。第三章中的部分内容借鉴了之前写的一篇题为《新自由主义》（'Neoliberalism'）的文章，这篇文章将会收在 Mark Jayne 和 Kevin Ward 共同编辑的书中（Rossi，即将出版）。第五章中关于被剥夺的城市那一节，曾经出现在发表于《人类地理学的进展》（*Progress in Human Geography*）的一篇文章中（Rossi，2013a）。

引　论

本书将要探讨的话题是所谓的城市与资本主义之间的关系及其在高度发达的全球化时代的政治、经济和文化意义。城市与资本主义之间的紧密联系是一个相对来说比较新的课题。一方面，长期以来，一般的专家学者都会直观地把城市描述为一种纯粹的物质存在，这种观念可以追溯到启蒙运动时期，法国的《百科全书》(*Encyclopédie*)中有所论及(Farinelli，2003)。另一方面，经济学家和社会科学工作者已经将资本主义理论化为一种基于利润、生产资料私有制、市场交换、雇佣劳动、家庭之外的生产场地重置以及以信贷-债务关系为基础的银行系统之上的经济体系(Ingham，2008；Hodgson，2015)，不过，从总体来看，这种关于资本主义的理论与城市现象几乎没有建立起任何联系。在界定历史资本主义的传统概念中，城市确实占据了一个相对边缘的地位，它们的作用也仅限于金融和商业技术在前工业化时代的诞生，以及工业革命时期对无产化的劳动力的关注。现在则正相反，城市成了全球资本主义和日常生活之争的焦点。对当代资本主义经济和社会的报道几乎占据了专业新闻机构以及众多社交媒体的方方面面，这些报道的内容都是立足于城市及其生存环境。今天，关于全球化社会的现状和未来的公开言论，不管是正面的还是负面的，都与城市有关：对某些人来说，城市是创新的发源地（激励新技术的应用、创新性的生活方式、商业实验，等等）；对另外一些人来说，城市又是剥削的重地（再现收入和财富的不平等、导致种族歧视现象，等等）。对城市现象的矛盾态度反映了人们对资本主义本身的复杂看法，以历史的眼光来看，这种社会经济体系，一直徘徊在希望与绝望、繁荣发展的前景与不平等、不公正的经历之间。所以，在当前的城市时代，城市就像它通常被定义的那样，不再仅仅被视为与资本主义相关，而是被当作资本主义的构成要素之一。

为什么城市和资本主义的命运在全球化时代变得如此密不可分？这个问题就是本书所要讨论的核心问题。在 2008 年经济危机中，住房和金融之间的相互关系是主导因素，这一点重新唤起了人们对资本积累和城市发展金融化之间长期的、战略性的相互关联的兴趣，特别是它们之间相互矛盾的表现形式。在前工业化时代，城市曾经是贸易和金融力量的重要堡垒，那么，在今天社会空间扩大化之后，这是一种历史重现，还是回归呢？抑或是，金融化和最近的金融危机只是一种症候，是城市更深入地参与全球资本主义的一个重要表现？简言之，本书的主要目的就是梳理全球化时代城市与资本主义之间的复杂关系，帮助读者找到对上述问题的令人满意的解答。

以全球资本主义的视角审视城市

批判性城市研究最早出现在 20 世纪 60 年代末和 70 年代，而对资本主义城市的分析则一直是它的核心话题。1968 年在世界各地（从柏林、巴黎和罗马，到伯克利、纽约和墨西哥城）爆发的大学生抗议活动点燃了政治和知识的激情，与此同时，“新左派”的兴起，以及亨利·列斐伏尔（Henri Lefebvre）、曼纽尔·卡斯特尔和大卫·哈维（David Harvey）在 20 世纪 70 年代所做的关于社会科学是如何看待资本主义城市的系列讲座，标志着一个决定性的转折点。列斐伏尔超越了劳动力与资本的对立，揭示了城市在晚期资本主义社会中可能被解放出来的潜力，还通过“城市权利”和“城市变革”等概念，强调了城市固有的政治重要性；卡斯特尔展示了当代城市作为管理资本主义社会再生产过程的重要场所，是如何协调生产、消费和交换领域之间的关系的，为随之而来的对城市管理的批判性反思奠定了基础；哈维对金融和土地租赁作为城市增长和社会空间转型的引擎问题加以理论化，在某种意义上预言了新自由主义时期城市发展的金融化。

受这些一流学者的影响，新崛起的一代城市学者提出了所谓的“新城市社会学”和“激进地理学”，而把老牌的主张人类生态学的芝加哥学派的经验主义及其隐含的反城市思想抛在了一边。地域发展的不平衡和社会空间的公平问题成为新一轮城市研究的核心问题，在这一时期，不仅学生的抗议活动十分活跃，前所未有的大规模社会运动也进行得如火如荼：“第三世界”的反殖民解放运动；美国的公民权利动员和黑人民权运动；美国和欧洲一些城市的住房权利斗争；南美和南欧国家的反独裁运动，而城市正是这些抗议和暴动的温床（从布宜诺斯艾利斯到雅典、巴塞罗那和里斯本）。与此同时，1974 年—1975 年间的经济危机以及后来凯恩斯主义福利国家和作为产业经营主要模式的福特-泰勒主义的衰落，终结了所谓的战后二十年的资本主义黄金时代。也有人把那段时间定义为辉煌的三十年(Fourastié,1979),在那期间,资本主义社会的繁荣程度获得了极大的提高,这主要得益于第二次世界大战结束后西方国家实施国家福利制度带来的财富再分配过程。

在西方国家及其他地区的资本主义城市爆发的城市斗争,正好赶上了20世纪70年代福特-凯恩斯主义资本主义体系的结构性危机。所谓的"国家财政危机"(O'Connor,1973)对城市管理产生了重大影响:1975年,纽约市政府宣布破产,这一事件界定了20世纪城市历史中的一个时代。经济危机为紧缩时代铺平了道路,特别是在工业社会发展比较成熟的城市和地区。城市福特主义的大教区(如都灵、格拉斯哥、克利夫兰、底特律、匹兹堡等)以及小型工业中心都经历了那场由于工厂关闭、制造业转移而导致的深层的社会空间重构,固定成本(土地、劳动力、税收)较低、社会冲突不太明显的地方成了这些制造业的新家。伴随着工会组织的削弱、左翼政治的危机,以及向服务型经济转移的大潮,这种资本主义重组的过程也造成了人们对社会科学中马克思主义和社会主义意识形态的普遍幻灭,这一切自然也影响到了城市研究这一领域。20世纪80年代,原先进步的城市研究领军人物,最著名的如曼纽尔·卡斯特尔,都放弃了马克思主义学说,而转向以要素为导向的研究方法。但是,其他领头的城市理论家,如大卫·哈维和爱德华·苏贾(Edward Soja),依然坚持他们对资本主义的批判,但同时,他们也摆脱了结构主义马克思主义经济学,积极探索变革资本主义的社会文化决定因素、它们的相对自主性,以及性别、民族、种族、性和所谓的后现代状况所带来的新问题。

由此可以看出,城市研究者就像其他批判社会科学家一样,开始介入到晚期资本主义社会错综复杂的社会和经济生活,经济、社会、文化和政治紧密地交织在一起。尽管大家对马克思主义的理解并不相同，但是，马克思主义已不再是主要的意识形态源泉，而成为日益多元化的思想宝库的一部分，这些思想包括女性主义、文化和种族研究、后殖民主义和后结构主义等（从文本解构到权力解析）。所有这些思想都源于“大陆哲学”的启示，特别是所谓的“法国学派”（从德里达[Derrida]到米歇尔·福柯[Michel Foucault]、吉勒斯·德勒兹[Gilles Deleuze]和瓜塔里[Guattari]）。在这种背景下，晚期资本主义不再被单纯地理解为一种基于生产资料私有制和榨取劳动力剩余价值的生产方式，而是一种充满内在矛盾的道德和社会秩序，对少数族裔和穷人在社会空间上的隔离与接受的大潮并存；监控技术的广泛应用与新自由主义拥抱自由的思想并行不悖。顺着这些思路走下去，对资本主义的解读与新自由主义的思想紧密相连，新自由主义也成了理解全球化和城市经验的核心。自 20 世纪 90 年代初期，包括后面的 25 年，城市研究者一直在通过全球化和新自由主义的视角来审视资本主义城市。今天，对城市-资本主义共同体的研究离不开对全球化和新自由主义的分析，因为它们无所不在，几乎对社会-经济生活的每个层面都在施加影响。20 世纪 90 年代初，对全球化的“发现”实际上重新掀起了人们对城市领域的研究热潮：得益于全球-城市学者如萨斯基娅·萨森（Saskia Sassen）、彼得·泰勒（Peter Taylor）和迈克尔·彼得·史密斯（Michael Peter Smith），批判性城市研究不仅在社会科学领域，而且在更广泛的公共领域关于全球化的世界的更广泛讨论中，重新获得关注。现在，思考城市与资本主义之间的密切关系，不仅要考虑到全球化这个维度，还要考虑到全球化对人类整体经验的重塑能力，比如资本主义的运作方式，以及它在全球范围内是如何被统筹安排的。另一方面，在社会科学领域，新自由主义作为当代社会的多元化力量之被“重新发现”（作为一个亲商政策，它超越了狭义的经济要素，肢解了福特-凯恩斯主义的社会集团），已经成为批判性城市研究的一个显著特征。

在千禧年的世纪之交，有两大事件引起了视角的变化，这种变化也影响到了批判性城市研究的想象：1999 年在西雅图爆发了反全球化运动，以及两年后在纽约双子塔发生了“9·11”恐怖袭击事件。前者使人相信，全球化并非仅仅是资本主义演化过程中的一个阶段，而是一个与新自由主义紧密联系在一起的政治经济项目，这种新自由主义也不仅仅是一种自由的意识形态，还是一种应对市场逻辑的“政府艺术”。在这之前，新自由主义几乎只是跟英美国家联系在一起，主要是美国和英国，20 世纪 80 年代，罗纳德·里根和撒切尔政府施行新政，实行私有化，放松管制，并鼓吹个人主义，反全球化运动凸显了全球化的新自由主义成分，并且扩展了它的地理疆域，使之大大超出了英语国家的藩篱。作为一个全球性的思潮，新自由主义在 2001 年 9 月的恐怖袭击事件之后，在美国政坛和其他西方国家纷纷发生保守主义转向的关口，反倒被注入了新的活力。以小布什为首的美国保守党政府、法国的萨科齐、意大利的西尔维奥·贝卢斯科尼和德国的默克尔，以及推行中央集权的英国新工党政府，都把全球安全放在了首位，对西方劲敌采取零容忍态度，并大力提倡业主思想意识，把提高住房自有率和放松房贷市场监管当作资本主义社会高级阶段的主要目标。以尼尔·史密斯(Neil Smith)、鲍勃·杰索普(Bob Jessop)、杰米·帕克(Jamie Peck)和尼尔·博伦纳(Neil Brenner)等人为首的新一代城市学者，让大家关注新自由主义思潮中的城市维度，或者说，“城市新自由主义”或者“新自由主义的城市主义”，以此作为界定当代资本主义城市的必要条件。

这些新理论的出现，在很多方面转移了人们的视线，使批判性城市研究对资本主义城市的分析偏离了原来的路线：长期以来，在当代城市研究，甚至是更加广泛的批判性社会科学中，资本王国的积累、生产和销售一直都是理所当然的研究对象，大卫·哈维对后福特时代城市经验的理论化也是如此(Harvey,1989a)。本书承认哈维的理论是绝对相关的，不过，本书的目的是提供对当前的资本主义城市状况的最新解读，特别是对最近发生的经济大衰退及其后果提出自己的看法。为此，本书会汲取城市研究和批判性人文社会科学研究中的各种思想，比如，新制度主义、文化政治经济学、后殖民主义的城市主义及意大利当代的激进思想，同时阐明20世纪批评理论，特别是法兰克福学派的持续相关性，以此来展示当代资本主义的连续性。

在本书中，资本主义一度被视为剥削的力量，但与此同时，它也被视作发明的源泉，它不再仅仅是将社会的种种关键因素纳入其体系内，而是涵盖一切，包括生命本身。本书的独特贡献在于，它是通过鲜明的政治视角来理解资本主义与城市现象的关系。尽管一流的马克思主义者和其他批判性社会科学工作者都不无正确地提请大家关注城市资本主义社会中与经济发展相关的不平等和冲突性方面，但是，这些作者低估了资本主义自我更新的能力，它不断地以创新的方式重塑自我，以应对经济危机以及社会的需求和变革。另一方面，学院派的社会科学家和空间经济学家都认识到了社会和政府在生产和创新活动中的影响，但他们对资本主义经济在政治战略方面的动态变化避而不谈。在接下来的章节中，本书将会展示政府项目是如何应对资本主义经济不断变化的态势，而城市变迁又是如何因为这些政府项目而发生的。在新自由主义放松管制的大背景下，社会-空间不平等的产生和扩大自然是这些转变的必然结果。

在21世纪第一个十年后期的经济衰退结束之后，在美国经济领先城市和其他发达资本主义经济体所经历的科技热潮就是这种动态发展的一个例证。这种繁荣的表现形式就是以技术为主导的创业社区的建立（所谓的“创业现象”），尤其是在内城区非常集中。在2008年可怕的经济震荡之后，这种现象的发生极大地刺激了资本主义想象力，为企业创新注入了一种新的活力，而这显然是资本主义文化再生产所必需的。与此同时，这一现象的发生也伴随着住房市场过热，迫使老居民，特别是低收入的社会底层少数族裔家庭，不得不搬迁到其他经济不太景气的城市，自然，这些城市在生活质量和工作机会方面也缺乏吸引力。而当前的公共政策是基于新自由主义前提的“尽力不干预”政策（‘thin’ interventionism），自然不足以解决这些社会矛盾，这一点已经被多方证实。由此，新的社会运动和政治主张不断产生，谴责日益严重的收入和财富不平等，以及与此相关的社会空间的区别对待。

与此同时，我们也要考虑到同样以技术为主导的、所谓的“共享经济”现象，它在2008年经济危机之后，在城市消费领域，比如住房、交通、食品和教育方面，经历了一次令人目眩的快速增长阶段。这些经济活动不仅为陷入贫困的中产阶级提供了一个增加收入的机会，还在文化层面传递了一种基于面对面的接触和协作的人道主义经济概念，给人一种错觉，那就是，即使是在资本主义社会内，私人财产也是一种可分享的实体。不过，这种以技术为基础的经济也凸显了资本主义将整个生活商品化的倾向，创造了剥削和自我剥削的新模式。在这种语境下，工作场所和私人领域之间的分野不再严格，在资本主义历史上，这种情况是不曾有过的。如此一来，个人空间和私家车都被直接纳入到了追求增值的资本循环中。这也使得人们很难衡量劳动力和生产力的价值：这些概念原本都是资本主义经济计算逻辑的核心，现在似乎正在丧失它们的相关性。尽管这些资本主义的核心概念正在发生变化，但是，在工作场所，我们却需要提高自己的业绩，以跟上外部管理顾问所定的目标，也就是说，即使我们是受雇的员工，我们也要担起企业主的角色。与此同时，数字技术带来的可能性，致使越来越多的低收入人群开始利用业余时间来寻求成为企业家的快感。因此，共享经济成为全球“企业社会”兴起的最终体现（Lazzarato，2009）。一些城市通过加强对临时租赁和私人机动车服务的监管，来应对这种迅速发展的现象，而另一些城市则采取了更加自由放任的方式，来推动它们的经济发展。因此，矛盾或者说对立，不仅在城市内部发展，也在城市间发展，反映了区域间不平衡在发达资本主义国家内部不断扩大的态势。

正如这些例子所展示的，在住房危机和 2007 年—2008 年金融危机之后出现的全球性经济危机是这本书的核心内容。21 世纪头十年的这次危机，不仅仅是一个经济和社会事件，在知识层面也至为重要，因为它激发了人们新一轮的对资本主义在全球化世界里不断演化的运行机制的研究兴趣。21 世纪头十年的这次危机，被所有专家公认为近代资本主义历史上的重大危机，从严重程度上来说无异于 20 世纪 30 年代和 70 年代的危机，危机发生后，人们不仅开始重新讨论资本主义及其内部矛盾这些经典话题，而且讨论其结构转型、不同的运转模式，以及它不断修复自己的文化，使之成为一个向前看的社会体系的能力。学者与评论家似乎都认同这样一个事实，即这次危机是在历经几次区域性危机之后，在全球化时代发生的第一次真正意义上的全球性经济危机，在这之前的十五年间，影响到世界经济的区域性经济危机有很多，我们这里仅仅列举几个最重要的：20 世纪 90 年代早期，重创美国和西欧经济体(尤其是意大利、英国和西班牙)并造成经济衰退的货币危机;20 世纪 90 年代后半期的亚洲和俄罗斯危机;2000 年—2001 年,发生在美国的互联网泡沫破灭;阿根廷 2000 年—2001 年间的债务违约。不过,借用一本关于历史上发生的资本主义金融危机的书的名字(Reinhart and Rogoff,2009),那就是,"这一次有所不同",因为所谓的"大紧缩"已经把整个世界经济都牵涉进来了。就在 2016 年夏天笔者撰写此书的时候,全球经济距离宏观经济稳定的实现,似乎还有很长的路要走。有些领先的资本主义国家,比如美国和德国,似乎已经摆脱了经济衰退的阴霾,恢复到可以接受的正增长率,但是,绝大部分发达资本主义国家的经济仍然处于持续停滞不前的状态,特别是在欧洲。与此同时,新兴的非西方经济大国(所谓的金砖国家:巴西、俄罗斯、印度、中国、南非)跟之前相比,也大幅度降低了增长率,而另外一些之前增长迅速的经济体也陷入了无休止的螺旋式衰退,特别是近几年来,由于燃料和金属等原材料价格不断上涨,商品泡沫在经历 21 世纪头十年后的繁荣之后破裂。因此毫不奇怪的是,在金融危机爆发大约七年之后,获诺贝尔奖的经济学家们,不管采取哪种理论取向(从坚持后凯恩斯主义的保罗·克鲁格曼[Paul Krugman],到更为主流的雅各·汉克尔[Jacob Hacker]和埃德蒙德·菲尔普斯[Edmund Phelps])都会援引美国前财政部长拉里·萨默斯(Larry Summers)的观点——由于投资需求不足而导致的"长期停滞"的时代有可能会到来(Summers,2014)。

因此,所谓的大衰退是新自由主义全球化出现以来的第一次全球性的和结构性的危机,而新自由主义全球化则被理解为霸权性的政治经济战略。然而,与先前发生在 20 世纪的危机相比,最近的这次全球性经济衰退显然没有为任何实质性改变开辟道路,不管是在资本主义内部，还是在其社会经济规范模式方面：1929年的危机和20世纪30年代的大萧条标志着古典自由主义的危机，导致了凯恩斯主义的到来，而1974年—1975年的危机则通常被认为是后福特主义转型的开始。即便如此，本书也将证明，在新自由主义占统治地位的大背景下，尽管出现了明显失误，但是，当前的资本主义与大衰退之前的资本主义已经不完全一样了。本书探讨了全球经济衰退之后，资本主义是如何将其价值链条的重心从之前的社会变成现在的生活本身。城市在这个过程中起着至关重要的作用，因为在衰退后的城市环境中形成了一系列相互关联的现象：比如，前边提到的所谓的共享经济和体验经济的兴起，其中，生产和消费之间的界限越来越模糊；第二波以城市为基础的高科技热潮带来了一种久违的繁荣与幸福感；在全球城市化时期，崛起的南方经济体越来越多地利用城市社会中的认知资本。所有这些现象都是在2009年这一大衰退的恐怖年之后形成或者加剧的，说明资本主义城市社会在经历金融危机的冲击之后，正在达到一种"新常态"。

过去这几年，不仅仅经历了大衰退和随后的经济发展僵局，也见证了全新的资本积累方式的形成，特别是那些依赖技术、知识和通信工具的大量使用的，与此同时，城市作为集体总动员的重镇，又得到了复兴。从开罗的"阿拉伯之春"到纽约的"占领华尔街"抗议活动，再到马德里和巴塞罗那的"愤怒者(Indignados)"运动，从雅典的反紧缩斗争到巴西的城市抗议活动，从伊斯坦布尔的格齐公园抵抗运动到巴黎最近的"黑夜站立(Nuit Debout)"运动，这些运动在全球化时代，以前所未有的力量，将社会正义、真正的民主和财富再分配问题带到了前台。与此同时，当代城市还上演了一系列内容丰富的"小规模"的、有争议的地域性剧目，讨论的问题多少都与资本主义社会的运作及其近期的转型有关，比如消费、住房、食品和公共空间。正如拉杰·帕特尔（Raj Patel，2010）所言，这个“城市的活着的政治（living politics）”反映了当代资本主义以生活为主导的建设宗旨，以及它越来越全球化的视野，不管是在地理层面，还是社会层面。

以全球资本主义的视角界定城市

城市人口在世界范围内的快速增长，成功地把大家都变成了“城市物种”（Reba *et al*，2016），与此同时，城市经验全球化的快速发展，也是有目共睹的，相应地，一种更加全球化的城市研究范式也正在业界获得越来越多的认可。专门研究全球南方城市的后殖民主义城市专家，譬如阿纳尼娅·罗伊（Ananya Roy）和詹尼弗·罗宾逊（Jennifer Robinson），已经在这一领域做出了明确的贡献，他们公开挑战西方中心主义，对现有的城市研究产生了一定的影响。本书基本上接受后殖民主义批评的观点，不过也提请人们注意资本主义作为全球城市主义背后推动力的作用。为此，本书建议从全球资本主义的角度来看待当代的城市现象，全球资本主义这个词语旨在从地理意义上强调资本主义城市越来越多的全球化影响，不仅如此，全球资本主义也是以一种更加定性的方式，强调它越来越多地渗透到社会各个领域的趋势，不断深化着社会的商品化和企业化。

全球资本主义的演变和扩张，决不能被视为经济线性发展的一个阶段。这种历史主义观点，在具有一定影响的批判性马克思主义各个流派中依然盛行（Tomba，2009）。即使是像迈克尔·哈特（Michael Hardt）和安东尼奥·奈格里（Antonio Negri）（他的著作是本书创作灵感的主要来源)这样的后辩证思想家(post-dialectical thinkers),也忽略了资本主义的矛盾性及其历史延续性,误以为发展轨迹是单向度的,其中,"真正的包容"被视为资本的"趋势"。而实际上,我们认为,全球资本主义是一个错综复杂的时空分层过程,不同的发展道路、霸权主义行径、生活方式与历史的当下性,各行其道,并行不悖。与此同时,本书在分析当代城市-资本主义共同体以及城市化和城市主义日益全球化的面向时,并不是不加批评地拥抱普世主义,当然,本书观点不可避免地会受到作者立场的影响。正如贝奈戴托·克罗齐(Benedetto Croce)曾写的普世历史的不可能性:"历史是思想,而且,是关于普世的思想,是具体中的普遍,因此,总是取决于一种特定的方式。"(Croce,1921:60)

在当前这个世界,全球资本主义表现为多种不同的面向,而本书旨在强调城市对其产生的重要影响。为此,本书采取了一种把过去和现在紧密联系起来的叙事策略,这种策略要求在处理过去的时候,把现在考虑进去(福柯的"当下的历史"思想),而且也要把"当下作为历史",来理解生物政治时代城市-资本主义共同体中的生活维度,在当前,生活是城市、资本主义及其相互依存的动态关系的核心。用罗伯陀·埃斯波西陀(Roberto Esposito)的话来说,本书的分析一方面是基于对"当前最紧迫事件的演变"的深入了解,另一方面,也是基于对"具有悠久或古老历史的配置(dispositifs)"的认同(Esposito,2012:5)。所认同的后者指的是,几个世纪以来一直在孕育城市-资本主义共同体的关键因素,例如金融力量、企业精神和认知资本,在当前资本主义全球化之"城市时代",这些因素开始走向前台。这种有意的"现代主义"立场,要求人们关注那些为城市-资本主义共同体的经验做出贡献的各种生命体的故事。

这样的故事总是在发生，而且结果也不明朗，任何企图用一种放之四海而皆准的预设来描述这种共同体的尝试都是不可行的。与此同时，这种“活着的理解”本身又是政治的，因为政治已经深深地植根于现有的权力结构中(Esposito,2016)，比如，全球资本主义就是如此。从本书的角度看，这也意味着资本主义的政治替代品只能在资本主义自身的运行中找到，本书在谈到最新的后资本主义观点的时候，还会具体谈论这一点。

本书主要研究当代城市-资本主义共同体在全球的构形，我们认为，这种结构是历史、地理、社会、文化和经济相互作用的杂陈和并置。本书力求体现全球资本主义在城市中表现出的复杂性——各种不同要素如金融化、机构能力、创新性企业精神、房地产行业、消费、技术和文化经济等，发挥各自的核心作用。尽管这些要素可以被视作自发的、独立的，但它们之间又是相互关联的。此外，就其对城市的影响而言，这些要素又是平等的，没有哪一种要素可以被视作高于其他要素。一般情况下，研究城市-资本主义关系的学者往往会重点选择一个领域：受到大卫·哈维及其资本次级循环论影响的马克思主义者倾向于强调城市发展的金融化，以及房地产企业作为当代城市动态发展的推动性力量(Harvey,2012; Krätke,2014)；处于主流地位的城市经济学家提出将城市作为创新环境的理论观点，他们特别关注创新性企业精神和劳动力的城市化(Florida,2012;Moretti,2012)；还有对资本主义城市中不断变化的文化感兴趣的社会批评家，他们关注的则是由新一轮的消费主义和仲士化引发的城市生活方式殖民化(Zukin,2010)。本书竭力避免对资本主义和城市在高度全球化时代的单一化理解，其主要目标是从全球的视角来探讨当代资本主义转向把生活纳入其积累结构的过程中所采用的不同方式——不管是否定的，还是肯定的。本书会思考，在对全球资本主义矛盾的描述中，城市能够提供什么：从掠夺社会、使所有权社会化的金融制度，到那些以科技为基础的、将日常生活转化为剥削和革新现场的新兴经济体。正如提摩太·坎贝尔（Timothy Campbell，2008）所总结的，政府行为消极的方面验证了福柯当初论证的政治凌驾于生活（politics *over* life）的观点，福柯提出了生物政治和生物权力的概念，最近，吉奥乔·阿甘本（Giorgio Agamben）在他的例外状态理论中又对这一概念进行了重新界定。而它的积极的方面可以看作是生命政治（politics *of* life），在这里，生产的概念指的是生活的主观性和关系形式的生产，而不是商品和服务的生产。

为了理解全球资本主义的社会经济形式（以及生活形式）的多样性，这本书融合了各种知识框架，这些框架仍然在滋养着批判社会科学：古典马克思主义者研究文化是如何被经济塑形的，新制度主义者则认为历史上既定的构形对经济发展轨迹有着决定性的影响；而作为批判城市研究的一个重要分支，城市政治经济学家则把马克思主义和制度主义的传统结合在一起了。本书不仅仅是与这些“传统”对话，有些章节的分析方法和阐释框架也直接借鉴了这些传统。与此同时，该书也超越了那些城市学术研究中的传统观点，融合了一些从唯物主义本体论角度研究当代社会的学者的观点，特别是迈克尔·哈特、安东尼奥·奈格里、吉奥乔·阿甘本和保罗·维尔诺（Paolo Virno），他们的灵感源于不同的西方现代批评家，其中包括斯宾诺莎和德勒兹、尼采和海德格尔、本雅明和阿伦特。这些学者研究的本体论超越了形而上学，他们考察资本主义社会中生命存在的物质性，特别是在语言、身体和情感方面。他们的著作可以引导我们体验当代资本主义在某一特定时期所产生的波动的生命形式，而在这一时期，生活本身越来越多地融入到了资本主义的城市机制中，不管是以消极的方式，还是积极的方式。在当代资本主义社会中，经济与文化、制度、社会和生物都变得密不可分。从这个角度看，阿尔都塞对传统辩证思想的摈弃（Althusser，2010）尚嫌不够，传统辩证法中的很多相互决定论都是建立在资本主义经济之上，因为它的立论基础依然是经济基础（资本主义社会的经济基础）与上层建筑（前者之文化表征）之间的区分。在这里，决定论思想（及其多元化的版本，即超定论；见Jameson，2010）被“固有性/内在性”（Deleuze and Guattari，1987）所取代，哈特和奈格里（2000）曾经对这些概念做过进一步的探讨，并把它们作为超越辩证法之局限的一种方式。本书借鉴了哈特和奈格里的研究方法，分析了城市现象与全球资本主义之间的内在关系，这种关系就像一个“本体论机器”，它通过隶属关系和激活关系，不停地产生新的主体性。从这个角度来看，任何外部的因果关系原则都是站不住脚的，因为固有性这个概念意味着这里被分析的不同实体（城市、全球经济、新自由主义、城市社会）是全球资本主义不可分割的组成部分：它们不能独立于资本主义之外。这种“固有的一部分”在本质上不是单一的，而是多维的，不管是在时间意义上，还是空间意义上。从根本上来说，资本主义是一种城市现象，其构成要素（前面提到的“关键因素”）可以溯源到中世纪时期，在当前的全球时代，它们又获得了新的意义，这一点将会在第一章提到。新自由主义不仅仅是一套理念，被占据主导地位的全球经济中心（英美国家）在公共政策领域所采纳，而后又被其政治经济领域的精英们传播到世界各地，在这里，它被认为是一个实体，已经成长为全球资本主义城市的活生生的肌体。基于这种考虑，本书将会对政策-流动范式和形形色色的新自由主义理论进行批判性分析，那些理论认为新自由主义是源于“某处”、又被贩卖到“其他地方”的一种精英主导的外部力量。为了突出城市-新自由主义共同体的生活维度，本书将会展示社会企业化与处于高级自由社会核心位置的自我，是如何被镌刻在全球资本主义这一肌体上的。这种生活维度会自动展示自己，与此同时，为了自成一体，它也需要政府行为的干涉，由此也彰显出分析公共政策、潜在的政治经济策略，以及这些策略遵照资本主义社会物质构成的方式的重要性。

在过去的十五年里，资本主义社会有一个显著特征，那就是新自由主义当政下的剥夺逻辑以及为应对资本主义文化危机而产生的新的主体性及其相关生活方式之间的对抗：2008年金融危机和随后的城市主义紧缩浪潮使前者常态化了，而后者的典型表现就是，在数字技术的帮助下，社会和个人越来越呈现出企业化的倾向。这种矛盾也体现在全球范围内各种不可调和的政治风波中。后危机社会见证了基于平等团结关系的政治观念转型的复兴，在这种政治观念中，城市是酝酿以大众为导向、对抗紧缩政治运动的摇篮。与此同时，后危机社会也面临着一种为“坏的苗头”代言的新法西斯主义回归的风险，这种“坏的苗头”——正像保罗·维尔诺所说的(Joseph，2005)——源于中产阶级正在经历着的绝望状况和对社会的愤怒，这种绝望和愤怒助长了个人主义情绪和对少数族裔文化的敌对情绪，而在某种程度上，这也是在后衰退时期资本主义经济条件下，人们对社会幻灭的一种回应。目前，这种状况在西方社会尤为突出，西方一直是全球经济危机的重灾区，但是，这种情况也可能会延伸到全球的新兴经济体上，因为这些新兴经济体的经济正在急剧放缓，他们的精英阶层也面临日益严重的合法性危机。

全书概要

全书分为五个章节。每一章都围绕一种特定的社会动态展开，正是通过这些社会动态，城市得以汇入全球资本主义的大潮。第一章主要是关于“兴起”，它揭示了城市资本主义中长期存在的三种“兴起”：金融力量、企业家精神和认知资本。有人认为，这些鲜明的特征是资本主义城市化在历史发展轨迹中的产物：它们不是当前这个时代创造出来的，而是资本主义城市长期存在的特征，只不过是在全球化的背景下，重新浮出水面并被推及全球。因此，这一章并不打算从传统意义上对资本主义城市进行历史性重构。相反，借用米歇尔·福柯的一个短语，可以把它理解为“当下的历史”。通过这一“历史”，我们会注意到社会现象（金融、机构的力量、知识）选择和保留的过程，这些社会现象也在不同的历史时期见证了资本主义发展的一个个关键时刻：从中世纪开始，西欧各个城市共和国就在金融行业和城镇意识的兴起中发挥了核心作用，再到当代的社会改造项目，旨在将被边缘化的城市地带，如南方特大城市中的贫民窟，改造成企业创新的集散地。本章指出，这些长期以来用以界定资本主义城市状况的金融、市民意识和知识的力量，首先是作为现象出现的，与特定的城市和城区相联，然后，通过它们在世界各地社会经济领域的广为传播和复制，才被转变为“过程”。随着新自由主义全球化的到来，这种从现象到过程的转变达到顶点，使资本主义城市作为占据主导地位的社会空间形式得以在全球推广。

第二章名为“延伸”，审视了新自由主义全球化的首要组成部分：全球。该章考察了有关城市与全球化之间关系的学术争论在不同阶段的发展状况，回顾了对领土、网络和关系的理解，并且批判性地评判了最近关于全球城市主义和全球城市化的论点。本章展示了学者们是如何将注意力从全球城市现象的结构性决定因素逐渐转移到我们的城市经验在全球层面上的延伸理解。本章见最新发表的有关政策流动性和星球城市化的文章，强调了它们的优点，也指出了它们的局限，在当前有关城市和全球化的研究框架中，对这些具有高度影响力的研究成果进行了一个中肯的评判，以期在本书的后面几个章节能够超越它们。

第三章名为“延续”，专注于分析新自由主义全球化的第二个要素：新自由主义及其与资本主义城市之间的内在关系。正如前面的引论所提到的，新自由主义不应该仅仅被看作在全球范围内传播的一套思想和由精英领导的外部力量，在这里，城市与新自由主义共同体可以被理解为一种持续交流的内在关系，它在全球范围内的主导地位结束了战后几十年的“凯恩斯主义例外”。一方面，新自由主义的城市主义保留了资本主义城市主义固有的一些特征，例如，2007 年—2008 年间的住房和金融危机背后，就是不断加剧的大众消费和对私有财产的扩张性占有意识。另一方面，当代新自由主义的城市主义也融入了一些有别于以前的社会现象，特别是对创造性的重视，而之前的经济价值取向大都是以利润为主。在先进的全球化时代，采用新自由主义管理模式是传播那些伴随着社会和自我的企业化所产生的各种生活方式的规范、习俗或标准的关键。

“传播”的概念将我们引向了第四章——“扩张”。这一章展示了麦当劳化、迪士尼化和古根海姆化[①]等全球性的资本主义殖民

① 古根海姆博物馆是所罗门·R. 古根海姆基金会旗下所有博物馆的总称，是世界著名的私人现代艺术博物馆，也是一家以连锁方式经营的全球性的艺术场馆。该基金会成立于 1937 年，发展到今天，已是世界首屈一指的跨国文化投资集团。——译者注

现象所导致的同质化过程，这一同质化过程不能仅仅被理解为城市经验的简单统一化，而是——借鉴后殖民主义城市主义者的见解——独特和重复过程在同一时间段的不断叠加，反映着一个地方特有的地标性项目以及不断变化的资本主义格局。本章通过文化霸权主义势力的镜头和独具地方特色的对全球化进程的接受，重新建构了全球资本主义的地理版图。不同于后现代主义社会学家在前些年所做的那样，本章没有盘诘与这些势力相关的消费形式，而是把它们在全球的传播视为资本主义殖民的过程：正像诺伯特·伊利亚斯(Norbert Elias)所定义的，是一个“文明的进程”。同时，这也被理解为人类行为在公共空间中的转变，就像伊利亚斯的本意，它也被理解为政府的一个实验过程，绕过现有的规划条例，引入了与政府的新自由主义理性相一致的新的空间安排。

本书第五章专门分析了在新自由主义主导下，全球资本主义城市的“变数”。本章阐释了当代资本主义在城市呈现的快速演变的本质，揭示了资本主义城市在21世纪前十年间，在全球经济危机发生前后，表现出的三个主观特征：社会化的城市、被剥夺的城市和复苏的城市。社会化的城市反映的是社会分工的过程，而社会分工逐渐细化正是日益全球化的资本主义社会在后福特主义转变中的一个重要特征：这就牵涉到“社会化的”劳动力市场的形成，特别是城市创意经济的兴起。但是，正如本章所述，社会化的过程又不仅仅局限于这一现象，因为语言、情感和被传播的知识的价值化涉及整个社会结构，而不仅仅是知识密集型劳动行业。被剥夺的城市可以被理解为一种常态化了的“紧急状态”，这种状况的形成一方面是由于资本主义在全球范围内的扩张，另一方面是由于全球金融危机和随后的紧缩浪潮。因此，随着社会-空间不平等的日益加深，这种被剥夺的状况就成为当代资本主义城市在紧缩政策常态化之下的一个决定性特征。最后，复苏的城市（从亚利桑德·冈萨雷斯·伊纳里图[Alejandro G. Iñárritu]最近的电影《荒野猎人》[*The Revenant*]中借鉴的术语）是经济衰退后，资本主义社会被重新赋予活力之后的结果，在这一阶段，生活越来越多地被纳入资本主义的产业价值链条中。网络 2.0 和体验经济的出现就是这些趋势的体现，如本章所示，一些作者将这些趋势理解为我们这个社会向后资本主义转型的开端。这种将生活融入资本主义文化舞台的做法，也是当代城市对 21 世纪第一个十年末期的严重紧缩做出正面回应的方式。就像《荒野猎人》中的主人公，城市居民既是这一幸存过程的受害者，同时也是施加迫害的人。2008 年全球性经济危机之后，以节约生活成本为基础的资本主义复兴过程，致使越来越多的城市居民自发走上商业实验之旅。本章认为，在这样做的过程中，他们将两种相互排斥的生活模式——共同体模式和个人模式——结合了起来。如引论前面所述，这种社会企业化的不确定性和固有的矛盾冲突，导致城市不得不改变自己的社会-生态运作系统，因为年龄较大或收入较低的弱势群体受到了住房市场改革、日常生活金融化和传统经济循环萎缩（从全球北方城市的小型零售企业到全球南方城市的非正规经济）的影响，而这些通常都是跟新自由主义背景下"生物政治经济"的兴起联系在一起的。

最后，在概述前几章的主要论点后，本书反思了当前城市状况的不确定性及其充满矛盾的政治意味，大面积发生的动荡局面影响着全球资本主义的发展，而在这种动荡的背景下，城市状况也在两极徘徊，一方面是日益焦虑的中产阶级领导的"随时可能发生的法西斯主义"（借用卡尔·波兰尼[Karl Polanyi]的说法），另一方面是建立以团结为基础的社会关系的回潮，比如，针对大众的社会运动。该章总结到，后者尤其面临着被纳入资本主义主流话语的风险，特别是在其政治诉求尚不明朗的情况下。

第一章 兴起

城市与资本主义:当下的历史

尽管很少被纳入一般的经济分析,但现在人们普遍认识到,城市主义(即城市居民的生活方式)和城市化(即城市环境的扩张)是资本主义发展过程中不可或缺的组成部分。本章的重点就是探讨城市与资本主义之间长期存在的相互依存关系;在当前的社会中,这种依存关系已经越来越紧密。当然,没有城市,资本主义也不可能存在,因为几个世纪以来,资本主义的兴起、稳固和演变,与城市社会的运作、它们鲜明的特征以及不断变化的轨迹紧密相连。长期以来,传统的观点认为,城市仅仅是制造业的中心、劳动力的储备库,但是,现在,人们普遍承认,城市为资本主义的发展做出了决定性贡献,特别是在前工业阶段和当前的全球化时期。

在全球化时代,城市的重要性以不同的方式获得重申,关于这一点,本书第二章将会更加具体地阐述。全球化,特别是以城市化的无情扩张和地球上不同霸权势力共存为特征的多中心的形式,使其历史性的兴起以前所未有的强度再次浮出水面。本章特别强调了三个历史性的“兴起”:金融力量、企业家精神和认知资本。本书坚信,它们才是当前这一轮资本主义全球化进程中引起人们关注的最关键因素。今天,资本主义不仅建立在金融行为的迅速增长,也建立在社会的企业化以及知识、情感与生产环节融合的基础上。金融、企业和知识的结合是今天资本主义世界中的城市发挥主导作用的核心:城市与金融的关系尤其体现在房地产和抵押贷款行业的突出地位;城市的企业化不仅表现在企业化的治理模式,也表现在自由社会的高级阶段随处可见的个人企业化;还有,最后,在以知识为基础的资本主义高级阶段,城市成了知识创新的中心,特别体现在基于社交互动(所谓的网络 2.0)的信息和通信设施的采用方面。这种中心地位在很大程度上归功于社会情感关系的强度,这种关系超出了主要致力于创新过程的机构(比如公司的研发部门)的权限。

本章将考察这些因素的重要性,旨在结合全球资本主义的密切关系,审视当前的城市状况。在此过程中,本章将展示新自由主义全球化在当前这个时代,是如何扩大了这三种长期存在的力量的影响范围。本章分为三个部分。第一部分将考察金融化现象是怎样在社会上扩展,并渗透到社会生活的各个方面乃至于生活自身,其根源可以追溯到原始资本主义阶段的欧洲城市。第二部分将展示城市企业化是如何利用城市环境中长期存在的社会文化特征,使城市在全球化的初始阶段就融入地方-全球的动态关系中,并在当前多中心的全球化背景下,渗入到更广泛的社会空间关系中。第三部分将讨论在当前以知识为基础的经济体中,认知资本是如何突破资本主义企业及其他固定的经济实体的局限,成为植根于各种城市环境的无所不在的社会动力,从历史的角度看,认知资本与资本主义社会-技术范式的更迭一直是紧密相连的。最后，本章的结尾部分将进一步阐明“兴起”这一概念的用法。

简而言之，本章无意于从传统的意义上讲述资本主义城市的历史，而是从福柯的角度阐释“当下的历史”，旨在为进一步探索“城市与全球资本主义”铺平道路，本书接下来的几个章节也将围绕这个议题展开。

金融力量

尽管城市现象的出现要早于资本主义，但是，资本主义的存在却离不开城市，因为早在古希腊的城邦时期，以共存为特征的城市形态就在人类历史上留下了痕迹。这种相互依存的关系根源已久。正如比利时历史学家亨利·皮雷纳(Henri Pirenne)率先指出的，资本主义的形成最初是与城市在西欧的出现以及中世纪出现的创业阶层分不开的。特别需要指出的是，皮雷纳认为，资本主义的基本特征——例如个人企业、信贷、商业利润、投机等，早在12世纪就已经出现在意大利的佛罗伦萨、热那亚和威尼斯这些城市共和国中，并且在其他经济领先的欧洲城市中也有发现，特别是在那些低地国家，比如现在位于佛兰德斯的根特和布鲁日等(Pirenne，1956)。

在接下来的几十年中，皮雷纳从长计议的视角又被学者们重新提了出来，特别是那些跨学科的历史学家和社会学家，他们采用所谓的“长效策略(longue durée approach)”来研究人类社会：首先是研究社会和经济史的法国年鉴学派的倡导者们，还有最近在美国倡导世界体系分析的学者们。年鉴学派的倡导者之一——费尔南·布罗代尔(Fernand Braudel)将皮雷纳的观点进行了系统化的总结，认为资本主义积累的形式始于13世纪的意大利，是伴随着城邦的兴起而出现的。此外，布罗代尔还是第一位提出资本主义不仅仅是一种生产方式的学者，这一点不同于传统马克思主义者一贯坚持的观点。布罗代尔认为，资本主义应该被理解为一种规则和积累的模式，尤其应该被理解为一种超越市场力量的垄断能力，而且，一直以来都是一种基于利润追求和财富积累的经济演变过程。在他看来，城市在现代社会，在地中海地区的市场经济和相关文明形式的形成过程中，都发挥了核心作用（Braudel，1983）。这种观点对当代人理解全球或世界范围内的城市产生了强烈的影响。特别是地理学家彼得·泰勒，他从布罗代尔的观点中汲取了灵感，认为，当代世界城市作为商业服务的聚集区，对资本主义垄断力量的再生产起着至关重要的作用，尤其是考虑到世界经济运行所必需的知识和专业技术的生产（Taylor，2000）。在过去的二十年里，泰勒一直都是世界城市研究的主要倡导者。在之前的一篇文章中，泰勒反思了20世纪80年代末以来，在英国全国经济衰退的大背景下，伦敦作为全球金融中心的复兴。他认为，世界城市在当前全球化时代的优势地位，是长期存在的“城市与国家”较量中的另外一个章节。泰勒指出，16世纪末以来，领土国家的兴起是对安特卫普和热那亚衰落的回应，在那个时代，国际经济舞台上的这两大主要的贸易和金融中心，它们的命运有赖于西班牙帝国。然而，在新成立的联合省（独立的“荷兰共和国”）的保护伞下，阿姆斯特丹的统治地位逐渐形成，这不仅促进了“荷兰的黄金时代”在经济意义上的产生，而且，也促进了17世纪中期威斯特伐利亚和平战争之后主权国家所获得的长期的卓越地位（Taylor，1995）。20世纪90年代，全球化时代到来了，其特征是世界城市越来越强大，而民族国家的权力却被明显地削弱了，很多人认为世界仿佛又回到了前威斯特伐利亚时期(见第二章)。

城市与资本主义的长期关系是建立在金融霸权的基础之上的,这种思想主要归功于乔瓦尼·阿瑞吉(Giovanni Arrighi)的著述。阿瑞吉借鉴了皮雷纳和布罗代尔的观点,也受到了伊曼纽尔·沃勒斯坦(Immanuel Wallerstein)关于世界体系理论的直接启发,他们二人曾经在美国的费尔南德·布罗代尔研究中心一起工作过。阿瑞吉进一步指出,资本主义的兴起与民族国家无关,而与城邦国家相关,因为城邦把强有力的金融机构凝聚在了一起。阿瑞吉的这一观点有别于长期以来所持有的传统观念。在他的书中,阿瑞吉确定了“四个系统的积累周期”,即:

> 热那亚周期,从 15 世纪到 17 世纪早期;荷兰周期,从 16 世纪晚期贯穿至 18 世纪的大多数时间;英国周期,从 18 世纪后半期到 20 世纪早期;以及美国周期,从 19 世纪末持续到目前的金融扩张时期。(Arrighi,1994:6)

根据阿瑞吉的观点,每一个积累周期都包括物质扩张和随后的金融再投资两个阶段,前者发生在贸易和生产寻求新的地理路线和经济行业以达到扩张目的的时候,而在贸易和工业行业的盈利机会减少时,则会发生后续的金融再投资。特别需要指出的是,阿瑞吉认为,城邦国家在前两个资本积累的周期中发挥了核心作用,也就是说,在单一民族国家出现之前,也就是通常所谓的 18 世纪、19 世纪的工业革命之前,那时候,城市已经成了制造业中心和工业无产阶级的储备库。

阿瑞吉指出, 20 世纪 80 年代是资本主义化阶段,此前的几十年是过度累积危机,该危机影响了西方资本主义,尤其是以美国为中心的累积制度。而在之后的著作中，他还将自己对历史资本主义的解释与大卫·哈维对后凯恩斯资本主义的概念化以及 20 世纪 70 年代经济危机后资本积累的变化轨迹做出了对比，尤其着重分析了他关于资本三个循环的观点，关于资本对新的时空修复需求的理解，以及他最近提出的通过剥夺进行积累的观点（Arrighi, 2004 and 2009）。哈维关于资本的三个循环的理论建立在一种假想之上，即，生产和贸易行业（资本的初级循环）过度积累的状况导致了资本流入次级循环（房地产、物理的基础设施以及环境维护）和第三级循环（科研、高等教育和发展），通过国家（通过大规模房地产项目和社会支出的增加）和金融机构（通过金融投资）进行调解（Harvey, 1978）。在他关于资本的次级循环理论中，大卫·哈维详细阐述了几年前亨利·列斐伏尔在其开创性著作《城市革命》（*La Révolution Urbaine*）中提到的一个创新性的公式：

> 当初级循环——当前的工业生产及其产生的可移动资产——速度开始放缓时，资本开始转移到次级循环——房地产。房地产投机可能会成为资本形成（即剩余价值的实现）的主要来源。随着通过工业形成和实现的全部剩余价值的百分比开始下降，由房地产投机、建筑创造和实现的百分比会增加。次级循环取代初级循环，成为不可替代的。（Lefebvre, 2003：160）

在哈维看来，过度积累的危机不仅可以通过资本流的转换（从生产和贸易到人文环境和知识密集型产业）来处理，也可以通过新的时空修复（最初仅被定义为“空间修复”：Harvey, 1982），通过空间和时间的延迟为投资和收益创造更好的条件（Harvey, 2003）。

哈维的过度积累理论在以马克思主义为导向的人文地理学和城市研究方面基本上占据了主导地位：按照一位具有同理心的批评家的说法，这是一个无可争议的正统观点（Holgersen，2015）。这一理论诞生于 20 世纪 70 年代后半期和 80 年代前半期之间，在近几年，特别是在 2008 年全球性金融危机（可以说是自全球化问世以来发生的第一次真正的全球性危机）影响到资本主义经济并导致所谓的“大衰退”的背景下，又被重新提及。在金融危机发生之前，房地产行业在正常情况下缓慢增长的资本主义经济体中，起到的是催化剂的作用，比如在美国及其他比较边缘的，尽管小但是依然在增长的经济体中，例如波罗的海周边国家、西班牙和爱尔兰等。自 21 世纪初以来，在互联网泡沫破裂以及美国恐怖袭击事件发生后不久，资本积累的持续性越来越依赖于与房地产行业密切相关的金融投机浪潮。抵押贷款行业放松管制导致房地产行业的急剧扩张，成为过去三十年中世界经济经历的更大金融化进程的主要因素之一，也是家庭负债的主要来源（Marazzi，2010）。大卫·哈维和支持他的理论框架的学者们一再强调最近全球发生的经济危机的“城市根源”，强调新自由主义资本主义社会中城市和金融化的密切关系：“次级城市”的定义（来源于最初造成了美国金融崩溃的次级抵押贷款）就特别说明了当代社会中金融和城市之间休戚与共的关系（Aalbers，2012）。

因此，金融化已成为美国以及世界其他国家经济体在当代资本主义发展阶段的一个显著特征，在世界经济中尤其如此，特别是在战后资本主义发展的黄金时代结束后的 20 世纪 70 年代，伴随着向新自由主义全球化的转变（Krippner，2005）。金融化现象可以从至少三种不同的视角来观察：首先，如同阿瑞吉所描述的，作为一种资本积累的渠道，因为金融活动——而非生产投资——所带来的一次又一次的利润累积而得以持续；其次，作为当代资本主义公司运作的潜在机制，以及作为所谓的“股东价值”（尤其是使经营者、股东和雇员受益的）在商业实践中对生产目标（如增加就业，创造新的投资机会）的重要性的结果；最后，金融化作为一种力量，越来越多地渗透到社会生活的各个领域，如渗透于住房（抵押证券化）、消费（消费信贷的增长）和社会保护（私人养老基金）等，其中心思想就是公民是可以承担风险，并且具备自我管理能力的投资者（van der Zwan，2014）。

金融化的出现，尤其是它的第三个维度（日常的、生活本身的金融化：Martin，2002；Lazzarato，2012；Joseph，2014）值得人们关注，因为它直接牵涉到城市在当代资本主义背景下的角色转变。自从凯恩斯主义和战后资本主义衰落以来，城市不再是存在冲突的主体（工人阶级和统治阶级）之间调停的场所，也不再是政府支出分配和再分配的地方（Castells，1977）。不仅如此，城市也不能再被完全看作是通过过度积累而实现剩余价值的平台，如列斐伏尔和哈维在有关资本次级循环论中所说的那样。围绕着哈维的概念框架对资本主义城市所作的分析，有力地捕捉到了当代城市化的结构动态，但它并没有揭示出近年来资本主义作为一个生物政治控制体系所发生的实质性变化，特别是新自由主义作为移动政务技术所发挥的强大作用的后果（Ong，2007）。城市环境深层新自由主义化的一个关键影响就是，资本主义逻辑通过在城市居民生活中融入金融资本主义的内在机制而扩大了其影响范围（Rossi，2013b）。金融化将城市居民同时变成了被剥削的、过度负债的实体和潜在的创业主体。这是当代资本主义不确定性的一个关键表现——即剥削和卓有成效的生活动员共存——这也正是本书试图引起读者注意的内容。

从这个意义上说,今天的新自由主义霸权不应该仅仅被理解为回到以市场为主导的经济和社会管理。在《漫长的20世纪》(*The Long Twentieth Century*)这本书的结尾部分,乔瓦尼·阿瑞吉把自由市场概念的复兴当作"经济自由"和"经济管制"长期以来一直交替出现的表现,"经济自由"和"经济管制"都是亨利·皮雷纳使用的术语,从20世纪80年代开始,新自由主义思想就已经在西方世界中占据主导地位。然而,新自由主义的演变及其在深化城市与资本主义关系中的作用,使我们不仅仅从回归的角度看待它,而且是在更先进的控制体系的意义上看待它:借用米歇尔·福柯的话说,就是"生物权力"(Foucault,1990)。正如福柯在法兰西公学院所做的极具影响力的关于新自由主义政府的讲座中所说的那样(Foucault,2008),古典自由主义呼吁政府尊重和监督市场自由,从新自由主义的观点来看,市场开始被视为国家背后潜在的组织和管理原则(Lemke,2001)。从正在兴起的新自由主义的立场看,这就意味着资本主义的市场逻辑必然渗透到社会生活的各个方面。在1929年危机后撰写的文章中,卡尔·波兰尼看到资本主义在19世纪古典自由主义时期,将土地、金钱和劳动力用作虚拟商品(Polanyi,2001)。今天,通过金融机制的社会化(见第五章),当代资本主义的生物政治阶段已经将生活本身转变为资本价值最大化的矛盾场所。

顺着这些思路,将福柯的教义与源于新马克思主义思想的理念融合在一起,我们可以说,金融化的最新浪潮已经把城市发展引到了生物政治阶段,这一过程主要是通过城市生活在主要领域(比如住房、教育和消费)的负债,而将"生活本身"纳入城市信贷体系中来(Marazzi,2010;Lazzarato,2012)。新马克思主义思想重新阐释了马克思关于实际吸纳的概念,并将资本主义视为一个"社会上厂”。在本书第三章和第五章，在我们讨论当代新自由主义的发展脉络以及它与当代资本主义城市之间的交互关系的时候，这个问题还会被进一步讨论。

企业家精神

皮雷纳、布罗代尔和阿瑞吉的著述，使人们注意到了意大利北部城邦在中世纪崛起中的经济和政治因素，尤其是在财富的动态积累方面，也阐明了城市作为金融中心的作用；而罗伯特·帕特南(Robert Putnam)则从社会-文化的视角，对处于前工业时期的资本主义与意大利中北部城邦在中世纪的兴起之间的关系，进行了理论化探讨。罗伯特·帕特南是一位主流政治学家，因其对当代社会科学中一个重要概念——社会资本的理论化所作的开创性贡献而广为人知。在一本评论结社主义(associationalism)在美国当代社会之衰落的书中，帕特南对社会资本进行了理论化梳理(Putnam, 2000)，而在之前一本关于当地政府在当前意大利的表现的书中，帕特南又提出与之密切相关的“公民意识”概念(Putnam, 1993)。帕特南使用这一概念，旨在说明，意大利长期以来南北分裂的一个关键因素源于中世纪，自中世纪起，意大利的中部和北部就见证了公社的崛起和充满活力的城市生活，这种氛围有助于发展一种基于相互信任、相同阶层、广泛的公民意识的社会关系；而南部地区依然处于诺曼底王朝的独裁统治下，盛行庇护-附庸那种垂直关系。

帕特南认为，这些社会文化因素在意大利公社的原始资本主义和以地方为基础的创业主义上升期中，具有决定性的作用：他认为，在意大利中北部的中等城市中，银行发明的那种基于信任的信贷关系就得益于这种社会关系。尽管具有共享意识的共和国解体了，但是，意大利中北部地区仍在日益激烈的竞争环境中保留了他们公民意识、信任和合作等显著特征。另一位主流政治学家弗朗西斯·福山（Francis Fukuyama）也使用了社会资本这一概念，这有助于进一步澄清帕特南对这一概念的诠释。另外，福山的“历史终结”思想在20世纪90年代苏联解体后非常有影响力。福山强调信任在当代资本主义社会中的价值，以及相关的互助互惠、对共同体的责任和道德义务等美德，他认为，经济发展不仅仅基于理性计算和不讲人情冷暖的管理结构，而这正是福特主义影响下的资本主义和韦伯社会学的现实情况（Fukuyama，1997）。在他看来，凯恩斯主义、福特主义及其相关监管模式的失败，应该归咎于资本主义把自己从基于共同体的关系中拔除。

在后福特时代，弹性专业化现象以及相关区域经济的复兴，揭示了高度专业化的生产系统中既竞争又合作的独特现象，例如，在硅谷和所谓的“第三意大利”地区（也就是意大利的中北部和东部地区，正好与中世纪时期繁荣的城邦国家所在地区重合），还有德国的巴登-符腾堡州。迈克尔·斯多波（Michael Storper）是研究后福特经济时期弹性专业化现象的主要理论家，他是一位经济地理学家，对制度主义者理解内源型地区发展发挥了重要作用。在20世纪90年代，斯多波把注意力集中在区域经济的复苏上，他认为，获得成功的地区都是那些能够调动他所谓的“非交易型相互依赖关系”的地区：能够在不同程度上推动地区经济专业化发展的一套多元化的社会文化因素，比如，面对面的交流、隐形知识、高效的机构和社交网络体系（Storper，1995）。沿着这个思路，阿什·阿明（Ash Amin）和奈杰尔·斯里夫特（Nigel Thrift）创造了“制度厚度”这个具有影响力的概念，旨在理解那些在后福特时代崛起的地区中处于核心地位的大量的正式和非正式制度、习俗以及社会互动模式(Amim and Thrift,1995)。菲利普·库克(Philip Cooke)和凯文·摩根(Kevin Morgan)则把这一现象命名为“协作经济”,旨在强调这样一个事实,即在以市场为导向的经济发展中,拥有丰富的中介机构资源,将有助于本地企业之间的互动(Cooke and Morgan,1999)。

近来,迈克尔·斯多波扩大了他对地方经济发展的制度性理解,考察了成功的城市地区,尤其是那些能够接受技术密集型经济增长路径的城市地区。如上所述,在他看来,共同体和社会团体对城市和城市中某一区域的发展提供了一个必要的制度平台(Storper,2013)。然而,正如斯多波指出的那样,如果对区域经济发展的理解仅仅紧密联系与之相关的共同体,那么,这种对当代城市和地区发展动态的理解必然是有限的,而在20世纪90年代,这种做法恰恰是那些研究以弹性专业化为特色的区域发展的鲜明特征。绑定(bonding)和基于地方的归属感是重要的,但是,不同群体之间和跨群体之间“架桥”的过程和行为对当代城市-区域的竞争力也至关重要。在斯多波看来,这就意味着,我们要克服已经习惯了的共同体-社会二元对立论,长期以来,这一理论一直在社会理论中占据主导地位,它始于滕尼斯(Tönnies)与韦伯(Weber)关于礼俗社会(共同体)和法理社会(社会)的著名争论,礼俗社会与前现代社会关系相连,而法理社会则与资本主义理性结构相关。斯多波认为,“架桥”这一行为与社会观念有关:体现在政治领域,就是导致了促增长联盟的形成(或者用他的话说,是发展的联盟)。虽然认识到了联盟“对发展是必须的,因为它们提供了一个可以实施好的想法和政策的环境”这一事实(Storper,2013:119),但他没有进一步探讨这个问题,也没有参与到大规模的城市研究中去,从20世纪80年代以来,在全球化和城市内部竞争日益加剧的情况下，城市研究考察了促增长联盟、企业化的城市和公私合作制在城市政治环境中的崛起和增长(Hall and Hubbard，1998)。

在城市研究中，城市里的自主创业现象主要被理解为当代资本主义社会中，占主导地位的调节模式发生结构性转变的后果，即摒弃凯恩斯主义在社会管理方面的分配方法，接受新自由主义的、以增长为先的治理理念(Harvey，1989b)。因此，在20世纪80年代，在后福特主义转型期间，城市研究领域开始关注促增长的城市体制的兴起。这就导致了人们对当地互动规模的关注：从市中心和滨水区便民设施的改建，再到整个小区和前工业区的更新换代，前工业区的更新换代是基于房屋供应的更新和原先厂房的重新变为后工业用地。这份文献尤其扎根于政治科学(城市体制研究)和社会学(增长联盟理念的源头：Logan and Molotch，1987)。从20世纪90年代开始，批判性的城市学者，尤其是人类地理学领域的学者，开始表达他们对之前学术界存在的地方主义偏见的不满。在此过程中，他们将注意力集中在了城市企业化的多重地理规模上来，从全球与地方之间的辩证关系开始，特别是在所谓的城市治理重新调整的框架内(Swyngedouw，1992；Brenner，1999)。

然而，在过去的十年或十五年中，即使是多尺度的方法(multiscalar approach)似乎也限制了城市研究的探索潜力，因此，在城市企业化的过程中出现了一组更大的社会空间关系。在日益多中心的全球化背景下，城市里的政治经济精英寻求更大且更灵活、动态的联盟和行动者网络。在最近的一项研究中，戴维·瓦克斯茅斯(David Wachsmuth)提请大家关注在美国出现的不稳定的联盟的形成和“后城市政治”现象的兴起(Wachsmuth，2014；另见Rickards *et al*，2016)。近年来，卫星城和全球城市化的思想得到了广泛的重视，为联合国城市时代的命题提供了一种解释，这一命题不仅超越了统计学的变量，还将一个似乎始终以西方为中心的城市研究地方化了（Brenner and Schmid，2014；Sheppard *et al*，2013）。尽管有些学者担心，在这些诠释框架内，关于城市自身的理念可能会消失（Scott and Storper，2015），但毫无疑问的是，随着全球城市化的进程不断扩大，城市政治和城市-资本主义共同体这些问题应该被重新考虑（见第二章）。

我们尤其能够理解，在全球化时代，城市与资本主义越来越紧密地缠绕在一起，城市政治的地理延伸也超越了地方的规模，不再受制于地方与全球的二元对立。而研究城市与资本主义之间关系的重要切入点，仍然是城市企业化这个概念，它已成为全球化时代新自由主义社会的一个显著特征。关于城市企业化的文献显示，用斯多波的制度主义术语来说，经济增长就像一座桥梁，把不同的政治、经济和空间实体衔接了起来。在这个概念背景下，我们可以确定当代城市企业化演化路径中的三个阶段。

首先，当代城市企业化现象最早形成于 20 世纪 70 年代末，在当代全球化和随之而来的城市环境新自由主义化的早期阶段。在这种背景下，在福特主义衰落和相关的城市化模式出现之后，被定义为“架桥过程”的现象，牵涉到公共、私人和相关组织，旨在重新改变土地的使用，重新估价城市空间。这种基本的城市企业化主要集中在当地的互动规模上，而从新自由主义的角度看，这对于摆脱凯恩斯主义的影响至关重要，因为福利国家制度让人想起那种所谓的“失败”的管理模式。这一目标的实现，是通过公共服务私有化、治理结构管理主义化以及作为公共政策关键的重新分配问题的去合法化。在城市作为一个以增长为目标的机器这一概念体系内，城市社会必须习惯全新的词汇，深刻理解竞争、个人主义、市民振兴主义和责任个人化等新自由主义的价值观。在这个阶段，城市政治的绑定维度对追求有凝聚力的促增长联盟仍然具有决定性意义。由此产生的城市治理的新自由主义理性，主要依赖于新一轮的对城市共同体的归属感和参与公私合作的意愿。发生在20世纪70年代前半期的经济冲击，导致了后来的去工业化和城市衰退。因此，在20世纪80年代，城市发展的新自由主义政治的一个重要特征，就是众多联盟的形成，目的是在不同共同体之间建起一座桥梁，以推动城市和经济的复苏。

其次，从20世纪90年代初开始，全球化思想在公共话语中多了起来，并越来越占据主导地位。在过去几年中，它的使用仍然局限于学术界学者和商业顾问等专家的小圈子里，而此时，全球化突然成为公共辩论甚至大众传媒的流行语。来自不同政治意识形态团体的观察者指出民族国家的缺陷及其权力的旁落，并预言"无国界世界"的到来（Ohmae，1990），或者，更现实地，审视民族国家的所谓的"空洞化"（Jessop，1994）。在民族国家中心地位逐渐式微和全球化城市不断崛起的背景下，城市开始参与到城市学者所定义的"全球化的本土政治"中来（Cochrane *et al*，1996）：在当地寻租者的支持下，市政当局意识到，城市复苏的关键是在城市与其他城市、国际组织和投资者之间建立桥梁的能力，获得大型活动的举办权，并吸引全球品牌的兴趣。欧洲的发展历史就证明了这一点：巴塞罗那在举办奥运会之后，迅速崛起，成为周边地区的领头羊；还有毕尔巴鄂的复兴和城市发展的所谓的古根海姆化；另外，德国统一之后，柏林的物质重组和象征性的精神重塑，也是这方面一个众所周知的例子。

最后，在过去的十五年中，随着世界变得越来越多极，城市政策和发展模式之间的交流也越来越多，而且，随着越来越多的国营和私人机构、国际组织和经济法人的参与，城市之间的交流、联盟和合作也是多种多样。大型活动和全球品牌依然吸引着全球政治经济决策者们的兴趣，尤其是全球南方国家的新兴经济体，全球北方国家也有，不过都是处于边缘地位。全球南方国家的新发展动力，推动着巴西政府成功竞标两大体育赛事——2014 年国际足联世界杯赛和 2016 年夏季奥运会。目前，巴西被视为新兴的经济超级大国，特别是 2006 年发现大型油田之后。而在同一时期，在北欧较为沉默的背景下，芬兰则在诺基亚衰落之后，失去了它作为电信世界中心的声誉，现在，它正在努力寻找一种新的具有吸引力的形象：国际知名的古根海姆博物馆在赫尔辛基开了一家分馆，此举被视为理想的解决方案（见第四章）。

然而，政治经济领域的精英们也越来越认识到，这些大型活动的举办权，对于当地的经济发展来说是富有吸引力的，被视为轻松实现预期繁荣的捷径，但是也有可能迅速变为具有高度争议性的项目。在巴西，第一次警告是在 2013 年，当时，愤怒的年轻人走上街头，抗议为国际足联世界杯赛浪费公共资金（另见第五章）；而在赫尔辛基，近几年来，当地的艺术家和设计界人士已经越来越反感古根海姆项目，并开始公开讨论是否要关闭它（Volner，2015；见第四章）。雅典在 2004 年成功举办了奥运会，但是几年之后，它就遭遇了前所未有的紧缩政策的重击，成为城市经济在重大赛事之后遭遇发展瓶颈的一个经典案例。在巴西，最近的大型体育活动恰逢经济急剧放缓（2010 年国内生产总值增长高于 7%；五年后的 2015 年底降至 6%之下）以及前所未有的政治危机——自 2015 年 12 月开始，巴西总统迪尔玛·罗塞夫（Dilma Rousseff）遭遇弹劾，执政党的合法性受到质疑。

这些例子表明，大型活动或者大型项目可能带来危机，这些大型活动或者大型项目用福柯的话说，就是“封闭环境”（监狱、工厂、医院和学校等约束性机构在城市的翻版)，是政界精英们以发展经济和振兴城市为名，对城市社会施以约束性管理的一种方式：正如吉勒斯·德勒兹所说的，约束性社会的危机为控制性社会的到来铺平了道路，到那个时候，疏散将会取代集中(Deleuze，1992)。迈克尔·哈特和安东尼奥·奈格里重新诠释了德勒兹的社会转型理论，对后福特主义国家真实存在的社会类别进行了理论化梳理，他们认为，“在工厂已经尽善尽美的资本主义生产逻辑，现在开始平等地投入各种形式的社会生产中”(Hardt and Negri，1994：259)。

在城市层面，人们也可以观察到这一转变，那就是，城市管理者和决策层开始越来越多地参与到各种相关进程中，这些进程涉及到广泛的参与者、机构和资金来源，他们围绕着全球霸权城市发展模式联合在一起。政策口号的激增和快速更迭，以及与之相应的城市发展的紧迫感，对这种社会化的城市控制机制也是富有启发的：为了应对城市发展约束性机制的危机(比如在承办大型赛事和大型项目之后)，今天的城市必须同时具备拥有智慧、利于创业、富有弹性和创造性等特征。这巨大的、势不可挡的紧迫感和想象力，不仅增加了城市-资本主义共同体的复杂性，也见证了经济发展模式和所谓的最佳实践的加速流动(Peck and Theodore，2015)，同时，它也是一个多层面的、涉及不同共同体与地域的社会联系与衔接过程。根据当代城市和区域研究中著名研究者的说法，这些发展促使我们走出社会空间关系一维论，这种一维论表现为对城市和区域发展进程的地方中心主义和数量化理解：他们认为，当代城市和区域发展战略将被视为以不同空间和社会空间关系为中心的、结构化的进程的组合，有时是重叠的，有时又是交替的，其中，基于领土、地方、规模和网络的理念的组合，似乎是普遍存在的(Jessop *et al*，2008)。

本节概述了城市企业化的三个阶段,阐明了过去四十年左右,在当代新自由主义和全球化背景下,城市与资本主义之关系的演变路径。在新自由主义发展的早期阶段,资本主义城市见证了城市企业化的兴起,其中,促增长联盟中团体与个人之间的合作是关键。随后,随着全球化作为主导话语和世界经济代表的兴起,这种竞争平台在多级治理的等级架构内被重新洗牌了。最后,新兴的、越来越多中心化的全球化背景,为城市和地区摆脱之前严格的等级化管理安排奠定了基础。这使得他们能够调动鲍勃·杰索普最近界定的"多空间元治理(multi-spatial meta-governance)",特别是在全球经济危机和随之而来的经济衰退过渡期的背景下(Jessop,2016):机构处理资本主义增长的不同空间性和相应想象的能力。因此,正如普特南所分析的,城市企业化最初源于中世纪意大利城市共和国因空间限制而产生的城市公民意识,最终却成为当代全球资本主义背景下城市全球化的多元化引擎。

认知资本

《文明中的城市》(*Cities in Civilization*)是地理学家、城市规划者彼得·霍尔(Peter Hall)创作的一部致力于重建当代城市历史发展轨迹的里程碑般的著作,书中汇集了有史以来与城市现象相关的文化、经济技术和组织方面的伟大创新(Hall,1998)。该书出版于20世纪90年代末,那个时候,社会科学家们正在忙着应对曼纽尔·卡斯特尔所界定的"网络社会"所带来的革命性后果,其特征就是信息技术在资本主义经济和社会中的大爆发(Castells,1989 and 1996)。信息技术的应用很快就显现出了其"革命性",因为它超越了既定的经济行业和商业惯例的界限。彼得·霍尔的目标是从长远角度来看待当前的信息社会，将技术创新力量视为当代资本主义和城市化转型的驱动力。为此，他展示了工业化前的资本主义、工业化后的资本主义和后工业化资本主义这三个不同的阶段，是如何与不同范式的城市紧密联系在一起的，与此同时，他也超越了成熟资本主义时期城市与技术创新的单一面向，将城市与艺术、文化、技术和机构的碰撞视为西方文明的典型特征和自古典时代伊始的“持续的活力”(Hall，1998)。

彼得·霍尔的独特贡献在于，他对城市在人类文明中的作用的理解，超越了经济这一单一层面(或者换句话说：“不仅仅是经济层面的。”)，特别是城市作为不同形式的知识、信息和知识技能等多种因素组成的人口密集地带的方式。从这个角度看，工业化资本主义时代只能被看作城市长期发展的历史过程中的一个片段，也正是这个长期发展的历史过程，使城市得以成为知识积累的综合性场所。从概念上讲，彼得·霍尔在书中引用了当时尚处于边缘的、他称之为“创新城市的理论”，特别是贡纳·托恩奎斯特(Gunnar Törnqvist)关于“创新社会环境”的理论，该理论最早出现于20世纪70年代末，“创新社会环境”是包括信息交流、知识积累、工具水平和创造性在内的四项活动的结果，其中，创造性源于前三者的综合，是一个系统性的特征(见 Törnqvist，2011)。

资本主义对经济和技术创新的追求可以说是永无止境的，而在经济史和更广泛的社会科学中，一般会把它与约瑟夫·熊彼特(Joseph Schumpeter)的经济周期理论和创新企业理论，尤其是他著名的创造性破坏的隐喻联系在一起(Schumpeter，1939)。在20世纪90年代，城市和区域作为创新和资本主义复兴之地的崛起，吸引了彼得·霍尔和其他城市经济学家的兴趣，他们从地域着眼，重新解读了熊彼特的观点，并提出了“创新环境”的概念(或者说，环境创新：Camagni，1995）。近几年来，对经济地理学与应用经济学之间的交叉领域，比如，演化经济学和知识管理方面的研究，影响力越来越大，它们基于经济学家们富于前瞻性的研究项目，即在高新技术产业密集区域，考察集聚经济中的信息流动和知识溢出现象，阐明了技术创新所需要的环境和空间维度（Audretsch and Feldman，1996）。因此，并不只是经济史学家、人类地理学家以及城市和区域规划者这些圈子的各色人等强调创新和作为社会进程的知识生产。20 世纪 80 年代，在区域规划这个领域，富于批判精神的城市规划者发挥了重要的先锋作用，他们最初受马克思主义政治经济学的影响，关注后福特主义时代的经济调查，研究了知识在当代资本主义社会中日益增长的作用，以及城市在这一背景下发挥的核心作用，并且更多地关注了技术密集型资本积累背后的制度背景和社会空间的影响。

在这方面，艾伦·斯科特（Allen Scott）的著作是一个关键的参考因素。他首先分析了 20 世纪 80 年代加州的科技生产综合体，然后，重点研究了 20 世纪 90 年代洛杉矶的文化经济，最终涉猎的是他称为"认知-文化资本主义"在城市的表现：在城市-区域作为政治参与者而崛起的背景下，出现的一系列由于社会和经济的不同而不同的知识密集型经济体（Scott，2008 and 2014）。近年来，斯科特与迈克尔·斯多波一起，致力于揭示创新城市化和智慧城市化等主流理论的局限性，其中，理查德·佛罗里达（Richard Florida，2012）、爱德华·格莱泽（Edward Glaeser，2011）和恩里科·莫雷蒂（Enrico Moretti，2012）都是这些理论在学术和公共辩论中有影响力的支持者。这些学者和大量遵循他们研究方法的文献都是基于这样一个基本的假设：在当今人员高度流动的社会中，"工作随地点的变化而变化"，市政府的任务就是通过投资基础设施，来改善城市的生活条件(格莱泽的观点)，通过放宽约束住房市场的环境规则和跨区规定，来为高科技人员的流动提供便利(莫雷蒂的观点)，通过提高城市环境的文化吸引力，来满足创意阶层成员的“后物质主义”需求(佛罗里达的论点)(进一步讨论见第三章)。斯托普和斯科特批评了这个观点，他们认为，城市发展道路中的决定性因素取决于个体消费者或者工人的偏好，与发展道路有关的生产、集聚和区域专业化逻辑才是经济增长和城市振兴进程中关键性的决定因素(Storper and Scott，2009)。

尽管在许多方面有所区别，但是，在他们的著作中，彼得·霍尔、曼纽尔·卡斯特尔和艾伦·斯科特对科技主导的城市和区域发展的社会-体制基础有着相似的理解。他们认为，城市与技术和创新过程的结合，应被视为城市经济发展轨迹与动员一系列复杂的参与者、经济驱动因素(比如，作为创新企业孵化器的大学和研究机构、风险资本的不均衡供应和地方政府的作用，以及一些无形因素，比如风险文化和创业文化等)的结果。与此同时，这些学者也同意，网络和信息社会的到来，正如曼纽尔·卡斯特尔所界定的那样，已经彻底改变了城市经济，催生了资本主义历史上一些全新的事物。尽管这些学者对当前知识密集型资本主义形式的制度结构也进行了一些恰当的探索，但是，有关认知资本主义的后结构主义理论家却呼吁大家关注人类在资本积累的动态变化中所获得的更大价值。从某种意义上说，他们把彼得·霍尔关于城市是超越经济、文化和社会边界的创新实体的思想具体化了，也算是对后福特资本主义进行了理论化梳理。从这个角度来看，资本主义的创新过程不再局限于公司、研究型实验室，也不仅仅是国家主导的经济发展政策的产物，就像战后崛起的、美国阳光地带的高科技综合体(见第四章)。特别是迈克尔·哈特和安东尼奥·

奈格里，他们将当代生产信息化的过程理解为从工业资本主义时代盛行的资本对劳动力的形式吸纳向社会和生活本身“实际吸纳”的转变，这就包含了资本主义对知识、情感和关系能力的价值化转换，即马克思在其富有远见的“机器论片段”中所宣称的“一般智力”（Hardt and Negri，2000；见第五章）。与此类似，地理学家奈杰尔·斯里夫特则通过种种涉及日常层面的经济活动的文化机制，提出了一个他称之为“发明经济”的理论，该理论主要以“完全智能”的资本主义商品化为中心：从营销策略到商业咨询和培训论坛（Thrift，2005）。

为了理解认知资本主义及其在城市层面的表现，我们需要多关注哈特和奈格里的著作，他们在大范围的政治和知识分子辩论中很有影响力，但是，在城市研究和其他社会空间科学中却被忽略了。在《帝国》（*Empire*）这本书中，哈特和奈格里对地方和区域规模几乎没有什么兴趣，而在《联合体》（[*Commonwealth*]这是他们写的关于资本主义和全球化的三部曲中的第三本书）中，他们明确提到，大都市是当代社会生物政治生产的避难所，产生了各种可以为知识密集型资本主义增值的生命形式（Hardt and Negri，2009）。有趣的是，哈特和奈格里选取了房地产作为他们分析当代资本主义社会的一个关键行业，强调他们所谓的“外部性”的价值攫取能力；即土地所有者和房地产代理商所认为的，好的地理位置所产生的积极效应可以增加建成环境的交换价值。另一方面，被视为负面的外部性会被迅速地从城市景观中移除。因此，价值攫取的逻辑与被驱逐的逻辑是相辅相成的，特别会影响到那些不受欢迎的群体和人口（Sassen，2014）。哈特和奈格里认为，在实现城市外部环境价值化方面，房地产开发商对大都市所产生的共同财富进行了某种程度的侵占。透过哈特的视角和奈格里在佛罗里达州的框架，以及格莱泽关于创造性和以消费者为导向的城市主义理论，透过他们对“地方品质”和基础设施之作用的强调，我们可以看出他们的意图，即为资本家掠夺城市共同财富的过程提供支持性证据和理论上的辩解。

今天，这个价值攫取过程涉及巨大的、多样性的城市空间。一方面，领先的城市理论家们，如理查德·佛罗里达，不断强调风险投资在地理学中的“城市转移”，关注新一代高科技创业企业在美国和世界其他国家内城区是如何实现大量增加的（Florida，2014）。在美国，这种现象现在被称为科技热潮 2.0，因为之前的 20 世纪 90 年代末，互联网科技公司已经出现了一次大繁荣，2000 年—2001 年间的互联网泡沫破裂，打破了这一繁荣景象。最近的这次科技热潮，最大限度地利用了不同形式的社交媒体和网络所带来的交流潜力：专业企业家创造了对话式的虚拟社区，传递出一种将创业活动当作社会合作的体验；消费者通过所谓的“用户生成的内容”等手段，参与到商品的创造和再设计的过程中；普通人通过介入基于技术的共享经济来重塑自己，把自己打造成一个兼职创业者。正如本书所展示的，科技不再仅仅是一个面对小众的市场，而是当代城市经济复兴之路的核心，也是其矛盾产生的原因，如新产生的社会空间的不均衡，这与富豪遍地的大城市中房地产市场过热有关。这种现象发生在经济衰退后的过渡时期（2010 年前后的“大紧缩”之后），在全球经济日益动荡、增长速度日益放缓的背景下，它就像一种抗抑郁剂，去重新唤醒休眠中的“资本主义的动物精神”。创业现象是真正意义上的全球性的，遍及世界各个不同角落的城市：它有力地展示了资本主义的企业文化是如何扩张的，而城市这个环境则像一块磁石，吸引着科技企业和分层体验经济，它们超越了正规化的企业边界，潜在地把所有城市居民及其日常生活都卷了进来。

在这种背景下，在全球南方国家新兴经济体中被极度边缘化的区域，比如，印度的贫民窟和巴西的棚户区，不仅越来越吸引房地产开发商的兴趣，他们渴望将贫民窟的居民转变为新的房屋所有者和消费者阶层（Mukhija，2003），同时也吸引着当代全球经济中最强大的高科技公司的关注。正如《华尔街日报》（*The Wall Street*）所倾情报道的那样，最近，在巴西的里约热内卢，微软和谷歌同时发起了一项针对当地居民的活动，吁请他们使用智能手机绘制那些通常被排除在官方地图之外的非正式定居点，特别是那些已经有企业进驻的区域（Connors，2014）。尽管《华尔街日报》的文章已经指出贫民窟在消费和创造商机方面的商业潜力，但这些举措却有着更宏伟的目标。微软和谷歌就是尼科尔·阿乔（Nicole Aschoff）最近定义的“新的资本先知”和与之相关的“慈善资本主义”现象的例证：不同于那些传统的从事慈善活动的老牌资本家，这些富有远见的资本家——直接或通过专门的基金会——体现了新一代“精英说书人”的精神，他们推动“解决社会问题的办法，这些办法存在于现有的、受利润驱动的生产和消费结构中”，而且，通过这样的做法，他们可以“强化资本积累的逻辑和结构”（Aschoff，2015：11—12）。除了非政府组织、政策顾问、艺术家和创意企业家等广泛的经济和文化参与者之外，这些“资本先知”正是阿纳尼娅·罗伊所描述的令人浮想联翩的“贫民狗的城市生活”之主角，在这种城市生活里，城市状况中的低端人口被纳入到了当代资本主义的想象之中，并逐渐汇入其不断扩张的价值链条的物质机制之中，指明消费、购房和创业精神乃是新时代社会福祉的根本。

在这种情况下，跨国公司、大众媒体和政府领导人，以及民间社会组织和当地居民，对价值观、生活方式和技术（如微观金融）的传播，都做出了不同的贡献，共同打造了“创业贫民窟”的幻像，在那里，贫困被视为资本，穷人被视为富有创造性的企业家（McFarlane，2012）。因此，在后福特主义社会的高级阶段，当代城市的认知资本包括并超越了知识和创新的专业生产者，在经济和城市研究中，这些专业生产者之前通常被当作是“创意阶层”“消费城市”和“智慧的劳动者”。全球资本主义的未来就取决于认知资本这些多层面的组成部分被汇集的方式，以及在公共政策中如何处理汇集过程中产生的固有矛盾。

总结

本章只是一个起点，它为本书后面几章详细分析今天的城市与全球资本主义之间的关系奠定了基础。本章的目的并不是从传统的角度论述城市与资本主义之间的历史关系。相反，本书所要做的重新建构是有意识、有选择的，它确定了城市现象的长期特征——金融力量、企业家精神和认知资本，这些特征不仅于人类历史上存在了几个世纪，而且对于当前全球资本主义城市化阶段也至关重要。从福柯的观点来看，本章讲述的是“当下的历史”（Foucault，1995：31），正如贝奈戴托·克罗齐所说的那句名言：“一切真正的历史都是当代史。”（Croce，1921：13）在本章乃至本书中有意使用的“当下主义”方法，有助于我们识别城市资本主义社会在历史上的出现——从长期和短期的选择、保留过程中浮出水面，变得越来越明显、具有影响力、遍布社会空间的各个角落。

换句话说，当代资本主义城市在很大程度上依赖金融力量、企业家精神和认知资本，这一事实并不是凭空发生的，而是已经存在的新自由主义和全球化时代在社会和空间上复苏和扩展的结果。这一主张并不是为了重申路径依赖论（当今社会科学中的一种有影响力的观点，线性地反映了社会经济过程，在这一过程中，社会事实似乎最终是由历史决定的）。数百年来，尽管培育城市-资本主义共同体的长期的关键力量为当前的城市时代奠定了基础，但本书最后一章和结论还将专门分析“当下即历史”这一观点，强调社会转型的不确定性（“歧义性”）和政治的澄清功能。

第二章 延伸

放眼全球

在上一章，我们着重强调了全球化的到来是如何强化了城市的中心地位，以及城市作为主要的生产方式和经济发展策略，也越来越融入到了当前这个资本主义世界中。其实，城市一直发挥着十分重要的核心作用，不管是在原始资本主义的初期阶段，还是在民族国家式微之后；城市的出现早于现代民族国家的建立和工业革命，而在当前的世界经济秩序中，日渐式微的民族国家却要在日益复杂、多尺度的管理模式背景下，重新界定它们的位置（Brenner, 2004）。自从全球化出现在公众和学术探讨的话题中，全球化的观点就与城市现象产生了千丝万缕的联系。特别是，得益于萨斯基娅·萨森的著作，一些世界级的大城市，如伦敦、东京和纽约，同时作为金融机构、种族多样性和社会空间不平等的集中之地，象征着资本主义全球化的新天地。

今天，城市的中心地位再一次得到强化，社会科学家们不仅在经济学意义上，也在政治层面上一直在强调这一点。在一本名为《如果市长统治世界》(*If Mayors Ruled the World*)的书中，美国政治学家本杰明·巴伯(Benjamin Barber)宣称，城市政府是唯一信得过的、可以替代越来越玩不转的民族国家的机构，因为常规的合作和决策机制使得城市能够以一种日益协调的方式来解决越来越多的社会问题，例如贸易、气候变化、公共卫生、移民和技术等问题，许多问题都超过了传统的市政府管辖的范围(Barber，2013；同时参看 Katz and Bradley，2013)。其实，这种断言没什么新意，但是，它是从一开始就伴随着全球化的兴起而产生的。例如，在 20 世纪 90 年代和 21 世纪初期，关于全球城市和正在兴起的城市公民意识的辩论就强调城市作为潜在的“世界民主之家”的作用(Bauböck，2003)。从这个角度看，有人就说，民族国家应该赋予城市自治权，尤其是在城市身份和权益方面，还有民族国家迄今为止还一直保留着的垄断权，例如在贸易、移民和外交政策方面的。

本章不会具体讨论城市作为全球政治参与者的命题，因为在很大程度上，这只是一个规范性的假设，并没有真正考虑到世界经济秩序中实际存在的权力关系，即民族国家依然是强有力的政治实体，对国内和全球的外交事务都具有决定性影响。然而，毫无疑问，城市获得的经济中心地位，以及民族国家在处理移民和外交政策等问题上的明显失败，使得这些主张又具有一定的合理性和现实性。本章的主要目的是探讨城市在全球化与资本主义这两个衔接的空间点上所扮演的角色，这一点也正是城市研究所关注的。此外，在进一步阐述第一章所建构的阐释框架基础上，本章将会展示全球化高级阶段，在所谓的卫星城市化和全球城市化的语境下，城市与资本主义的联合是如何在地理和社会层面变得更为普遍的。城市学者，特别是那些关注全球南方国家的人，他们在观念上受到了后殖民主义理论的启发,不无正确地强调,我们需要超越在城市研究中一直占据主导地位的西方中心论,以真正的全球视野来看待城市现象。然而,这些研究尚未阐明,资本主义作为全球城市化和城市主义背后的驱动力量所扮演的角色。提出卫星城理论的学者们并没有忽视资本主义的作用,但是,他们将资本主义主要看作是一种瓦解和胁迫的力量,破坏了以往的空间秩序,强加了新的空间安排,使城市和新近城市化的环境变得至关重要。本书认识到了这些解释的相关性,也呼吁人们关注在全球化高级阶段,处于交际-认知资本主义文化逻辑下的城市所产生的剩余价值。本章也特别说明,全球化、资本主义和城市主义重新建立起来的相互联系的方式,不仅可以说明城市化在当代世界的扩张,正如那些有关卫星城的理论所指出的那样,也可以说明城市及其社会在经济方面的价值最大化。在此基础上,本章回顾了当代城市研究领域,围绕城市和全球化关系发生的研究和争论的演变,以及这些演变是如何反映了对资本主义在城市背景下的表现的一种更为广泛的看法,同时呼吁我们在这个全球化的高级时代拓宽对城市-资本主义共同体的理解。

在这里,我们列出了六个主要节点,说明资本主义全球化在城市的演变历史,从约翰·弗里德曼(John Friedmann)、萨斯基娅·萨森和彼得·泰勒在 20 世纪 80 年代和 90 年代提出的地域和结构主义观点,到后边的围绕世界城市网络的思想、跨国民族主义和城市全球化的关系过程。本章最后回顾了最近关于卫星城思想论争的一些评论。

构建资本主义全球化

自 20 世纪 80 年代初以来,社会科学开始越来越多地关注城市在世界经济中所扮演的角色。在那个时候，福特主义和凯恩斯主义的危机，以及所谓的世界体系分析在批判社会科学中的普及，促使人们开始研究国际经济中分工的变化，以及城市和区域是如何导致了资本积累的现状和相关的动态问题。20 世纪 80 年代下半期，世界经济出现了所谓的"全球性转移"，关于这一点，社会科学家们和公众都意识到了，这是全球化的到来，并开始以明确的方式对其进行理论化(Dicken，1986)。人们认识到，全球化是后冷战时代的一个关键现象，虽然最初仅局限于彼得·迪肯(Peter Dicken)所讨论的工业领域，在这一过程中，城市作为知识生产和经济发展的桥头堡，作用也越来越突出。20 世纪 90 年代，从"地域"角度看待城市和全球化之间关系的观点占据了主导地位，他们将城市视为地理实体，关注的是固定空间内的经济功能和结构(McCann and Ward，2010)，这种观点后来受到其他学者的质疑，那些学者关注城市间的关系，他们通过跨国城市网络这个视角，从"上面"(全球合作的层面)和"下面"(跨国移民社区的层面)来观察城市。

世界-城市假说

早期的城市研究是从世界经济的角度看待城市，它们优先研究能让城市在当前的全球化过程中扮演引擎的功能特质。在 20 世纪 70 年代，福特-凯恩斯主义危机在资本主义世界引发了两次关键的结构性转变：第一次是发生在全球范围内的国际劳动分工转向，这是由西方国家向全球南方国家和其他处于边缘地带的"欠发达"经济体转移的离岸化进程造成的；第二次转变指的是资本主义国家高级阶段，服务行业成为经济活动的中心。对被理解为经济空间的城市来说，这些结构调整过程有两个后果：一方面，城市在不同程度上为知识密集型企业提供服务，这种城市群被贴上了“全球化城市”的标签；另一方面，新的国际劳动分工为全球商业链的出现铺平了道路，这就需要发展物流的功能和空间，使得一些成品或者半成品可以在全球流动。这也催生了一批所谓的“门户城市”，这些城市发挥着交通枢纽的作用，它们有港口和机场，可以提供这些专业的服务（Short *et al*，2000）。因此，在新的国际劳动分工中，城市扮演着重要的角色，不管是它的有形要素，还是无形要素，都对全球经济的运行起着至关重要的作用。

正是在这种背景下，城市规划师约翰·弗里德曼和其他学者在变化中的国际分工背景下，开始特别关注世界城市（Friedmann and Wolf，1982）。尽管这些研究世界城市的先驱们把他们对全球化的研究限制在了经济领域（Smith and Feagin，1987），似乎没有意识到全球化在形成制度惯例和资本积累的战略方面是一个散漫的过程，但是，弗里德曼和他的同事们（包括萨斯基娅·萨森）都致力于研究世界经济中的中心地区和周边区域日益增长的相互依赖现象。因此，从跨国公司对一般经济活动所施加的影响力越来越大的角度来看，这些都是可以体现出来的（Friedmann，1986）。20世纪60年代末，弗里德曼发表了一篇关于委内瑞拉区域发展政策的专著，从此，他一直是中心和边缘地区不平等交换的主要倡导者，前者专门负责技术行业，后者负责廉价的农业生产（Friedmann，1966）。他的研究为区域发展不平等的动态研究提供了证据，吸引了当时处在第三世界的新马克思主义经济学家们的兴趣，如安德烈·冈德·弗兰克（Andre Gunder Frank）和萨米尔·阿明（Samir Amin）等。

此外，弗里德曼后来还写了一本关于世界城市形成的书，书中借鉴了伊曼纽尔·沃勒斯坦对世界体系的分析，认为世界经济是基于主导和从属关系的一套系统，其特征是由资本积累的历史周期决定的(Wallerstein,1979)。弗里德曼提出了世界城市的假说，确立了“世界城市体系”，在这个体系中有一个狭隘的城市中心圈，由于历史的原因，城市中心拥有霸权地位，它通过设立跨国公司总部和国际组织的方式，从远处控制着国际经济的一体化运作。特别是，他还提出了世界城市的“等级性”，将处于“核心国家”的世界城市与处于半边缘化地带的世界城市区分开，核心国家主要是那些已经完成工业化的、以市场为主导的经济体，而半边缘化国家是指那些已经完成市场经济转型的中等收入国家。按照弗里德曼的划分，西欧的伦敦、北美的纽约和亚洲的东京属于核心国家的前几名，而圣保罗、新加坡市和中国香港则处于半边缘化国家(或地区)的前列。尽管弗里德曼的提议没有明确的事实依据，但是，他的研究成果却为后来的研究计划奠定了基础，这项研究计划不仅在城市和区域研究领域，而且在更广泛的社会科学和公共辩论中，都注定是开创性的。正是这些研究，促使我们在城市理论和社会科学中，重新理解城市、资本主义和全球经济之间的联系。

全球城市命题

弗里德曼的开创性命题，在新兴的关于全球化的话语体系中，找到了一片特别肥沃的土壤。曾经与他合作过的经济学家、城市社会学家萨斯基娅·萨森，也对人们认识城市在全球化经济中所获得的导向性作用以及与之相关的发号施令功能，做出了决定性贡献。萨森认识到了弗里德曼著作的重要性和前瞻性，她强调了“全球化这个事实”在经济-金融方面和社会-空间方面都作为资本主义经济和城市现象的关键决定性因素的新奇性。在这一过程中，萨森提请大家注意资本主义发展的新阶段及其相关的全球城市现象的两个基本表现：两极分化的社会发展动态，以及先进的生产商所提供的服务的吸引力（Sassen，1994）。在与约翰·弗里德曼合作的时候，萨森就已经分析了纽约在经历了20世纪70年代中期危机之后的重组过程，她提出，向服务型经济转型会导致两极分化的社会和空间发展动态。一方面是高收入的专业人士在商业服务中占据顶级职位的吸引力；另一方面，由于跨国公司总部的集中和生产商提供的一系列服务，城市空间的经济价值大幅度提高，从而刺激了为企业和消费者提供服务的劳动密集型产业（从建筑维护、清洁服务到商店和餐馆的人工劳动，其特征就是工资低）的增长。这些劳动密集型产业也成了没有专业特长的国际移民以及本土剩余劳动力的职业利基。这种社会-空间极化的过程也反映在了住宅层面上，新建社区中的中产阶级越来越多，而贫困的郊区和设施陈旧的内城区，则成了低收入的少数族裔聚居区（Sassen Koob，1986）。

在随后几年中，萨斯基娅·萨森将她的观点系统化，集中论述了在世界经济中占据霸权地位的全球城市铁三角——伦敦、纽约和东京，并着重论述了生产商所提供的服务在全球城市排名中所起的决定性作用。萨森特别指出，在不同的地理区域，存在着的中心和边缘地理现象。一方面，在城市间的规模上，中心与边缘地区之间的辩证关系体现在一些城市（比如巴黎、法兰克福、苏黎世、阿姆斯特丹、洛杉矶、悉尼和香港）的霸权地位和一些城市（比如老牌的制造基地和港口城市：西欧的都灵和利物浦，以及美国的费城和底特律）在经历经济衰退之后出现的、不断恶化的边缘地位。另一方面，在城市内部规模上，中心-边缘的辩证关系体现在重建社区和边缘地区之间的鸿沟，这些边缘地区被排除在了由国家主导的复兴方案和建设环境方面的资本投资之外(Sassen，1994)。

最后再说一点，萨森的主要成就在于，她把重点放在了生产性服务业以及世界经济中相关的主导与外围的博弈过程，而之前有关世界城市形成的研究则强调了世界城市作为跨国公司总部之首选这一点。

网络中心视角

较之十年前的研究，20 世纪 90 年代兴起的全球城市研究，在理论、方法和实证方面都取得了长足的进步，但是，对全球经济中世界城市的等级划分仍然缺乏系统的探究。由英国拉夫堡大学的地理学家彼得·泰勒领衔主持的全球化和世界城市研究网络(缩写为 GaWC)，根据生产性服务业，给出了一个翔实的世界城市排名，不仅填补了这方面的空白，也为萨森的阐释框架提供了一个更为坚实的实证基础：

> 用萨森的话说(1991：126)，我们要把世界城市视为特别的"后工业生产场所"，在这些地方，公司服务和金融方面的创新已经成为最近世界经济结构调整(即目前广为人知的全球化)的一部分。(Beaverstock *et al*，1999：450)

特别值得一提的是，全球化和世界城市研究网络从四个要害行业(保险、广告、银行业和法律)入手，对生产性服务业进行了准确的统计分析，并在全球范围内对 122 个城市做了排名。排在前面的 10 个城市中，有 4 个(伦敦、巴黎、法兰克福、米兰)位于西欧，

3个(纽约、芝加哥、洛杉矶)在北美,3个(东京、香港、新加坡市)在东亚。在排名前十的城市中,伦敦、巴黎、纽约和东京的排名最靠前,这也证实了弗里德曼和萨森之前认定的全球城市铁三角,只不过现在加上了巴黎。

尽管近年来全球经济出现了强烈的震荡,但是,如果我们仔细观察,世界城市排名的相对稳定性还是很令人惊讶的。值得关注的是,在GaWC 2012年发布的城市排名中,所说的金砖国家(缩写为BRICS)和正在崛起的中东国家的城市排名正在往前移动,比如,孟买(1999年时仅仅被认定为具有"成为世界城市"的苗头)、上海、北京和迪拜(见〈http://www.lboro.ac.uk/gawc/world2012t.html〉)。然而,领先位置依然牢牢地被纽约和伦敦这样的老牌全球化城市占据,尽管在2008年金融危机之后,这些城市一直处于经济震荡的中心。

从概念和方法论的角度看,GaWC的研究人员并没有把他们的研究局限于为萨森关于全球城市的论点提供更系统的实证证据。他们的工作还为这一学术研究增加了一项重要的创新内容:它提请我们,不仅要关注每个城市在世界城市排名中的位置,还要观察全球层面城市之间的关系,因为在他们看来,这些关系为世界经济提供了一种"粘合剂"。他们指出,我们必须把全球经济理解为一个"流动的空间"(Castells,1996),而不仅仅是一块经济实力中心的聚集地,这一点不仅隐含在弗里德曼的世界城市假说中,在全球城市基础性研究中也是如此。从严格的地理角度来说,重新思考城市与全球化之间在流动和网络方面的关系,需要相对地强调传统地形分析的重要性,而采用一种地形学的观点,就是观察城市中心之间相互的联系,而不是观察它们在严格区分的层次空间中的位置。这说明了这一贡献的重要性,它为世界城市研究增加了跨国家和跨地域的视角。正如彼得·泰勒所说的：

> 现代世界体系是由它所处的网络定义的，尽管大部分研究都是关于呈马赛克状分布的国家。如果要推进我们对世界体系的任何合理化的理论研究，我们都需要比以往更认真地考虑系统性网络。(Taylor，2000：29)

以网络为中心的、研究世界城市的实证证据是由泰勒本人提供的，他将注意力集中在十个世界顶级的大城市，关注那些最重要的公司是否在这些地方提供生产性服务。他的研究发现也证实了纽约和伦敦这些世界级大城市的领导地位。这项分析的新颖之处主要在于，这些世界级大城市在其各自地理区域内的不同位置：纽约在北美的霸权地位似乎没有受到挑战，芝加哥和洛杉矶的地位则要比它低很多。在东亚，由于地理范围的扩张和政治分裂（北美是以美国为中心），东京、香港和新加坡市也有类似的影响力。伦敦的位置还要靠中间一些，它对西欧有一定的影响，由于它的地理位置优势，它与欧洲大陆的实质性分离（在最近的"脱欧"投票之后就变得更加明显了），以及政治上的隔阂，法兰克福和巴黎——欧元区两个最大的国家经济体的首都，得以拥有一个离世界城市精英不远的位置(Taylor，2004)。

彼得·泰勒的著作从跨国公司及其区位行为的角度阐明了城际网络的形成，而在21世纪初，迈克尔·彼得·史密斯阐明了网络化世界城市现象的另一种表现形式，挑战了20世纪90年代仍普遍存在的地方和全球之间严格的二元对立：他所谓的"来自下层的跨国城市主义"，在移民散居社区中形成的网络和联系为此提供了强有力的证据(Smith，2001)。这种以网络为中心的双重观点，挑战了人们对全球城市现象的传统理解，即把全球城市当作集中了经济、政治职能和权力的领土实体。后来出现的以关系为中心的视角，强调流动和循环，而不是网络和联系，并进一步试图将城市全球化理解为一个包含了社会化过程的流动过程，尽管其注意力主要集中在精英阶层。然而，在使用关系方法之前，更值得注意的是一种新兴的视角——从多极化的角度看待全球城市化的结构功能。

全球城市-区域

自20世纪初以来，城市研究领域出现了一个新兴的学术团体，在日益多中心化的全球化时代，他们研究所谓的全球城市区域的兴起。这一阶段的标志是，在世界经济中出现的新的经济增长点，比如，给全球经济注入活力的所谓的“金砖国家”，以及在非洲、亚洲和南美洲出现的一些处于二线的经济体。这些国家都拥有庞大的城市群，从全球竞争的角度来看，这些城市聚集了大量具有重大价值的社会经济资源：从孟买到上海，从圣保罗到拉各斯，从墨西哥城到雅加达，它们都位于经济增长率比较高的国家。在这些国家中，伴随着经济全球化进程的蝴蝶效应、基础设施的合理化，以及农村人口的大量涌入，这些大城市成为国民经济、人力资本流动以及公共和私人投资的巨大引擎（Rodríguez-Pose，2008）。

这种将特大城市地区视为增长引擎的观点，与之前人们的看法形成了鲜明对比，之前，在所谓的“第三世界”出现的伴随着人口快速增长的、以城市为先导和城市巨大化的现象，通常被视为经济效率低下和基础设施薄弱的标志。在20世纪60年代，这种普遍流行的观念促使许多国家——无论是全球南方国家还是全球北方国家——采取分散政策，以避免伴随着城市发展规模的扩大而出现的种种弊端。实际上，在当时，就有经济学家威廉·阿朗索（William Alonso）以颇有先见之明的方式对这种观点提出了批评，他辩称，“认为以城市为先导或过度城市化本身不利于经济发展的效率目标的观点没有任何道理。人们有充分的理由相信，城市规模的回报会越来越大”（Alonso，1968：4）。然而，近年来，我们不仅看到了单个超级大都市的直接回归，而且还见证了城市间的大规模聚集。在过去的十年里，中国政府致力于发展 13 个多中心的特大城市，这是大城市和其他不同规模的城市功能聚合的结果（Economist Intelligence Unit，2012）。其中一个特大城市群在珠江三角洲：由于过去三十年制造业的空前扩张，以及 20 世纪 90 年代以来的人口增长，这个地区有 9 个城市（深圳、东莞、惠州、珠海、中山、江门、广州、佛山和肇庆），目前（2017 年）的总人口为 4 200 万，预计到 2030 年将达到 8 000 万。

西欧国家很早就有多中心的城市区域发展传统，尽管它们的增长潜力受到了限制，这种限制一方面是由于可用于城市化发展的空间的缺乏，一方面是由于人口增长的停滞不前。然而，这并不意味着，各国政府和欧盟管理机构无意采取旨在加强城市间相互依赖的举措，比如，欧盟委员会于 1999 年发起的欧洲空间发展战略（European Spatial Development Perspective）之后的一系列后续行动。欧洲现存的多中心城区发展基本上有两种类型。其中一种是围绕着核心城市形成的，核心城市扮演着功能聚合和象征性参考的角色，而较小规模的城市则被其吸引：例如，英格兰东南部，就是以伦敦为中心，还有法国法兰西岛的巴黎地区，以及意大利西北部以米兰和都灵为中心的城市地区。第二种类型的超级城市地区就更是名副其实的多中心了：荷兰的兰德斯塔德地区，包括阿姆斯特丹、海牙、乌得勒支和鹿特丹这些城市；比利时的中北部地区，由布鲁塞尔-鲁汶-根特-安特卫普组成的城市四边形，那里也是国家财富的高度集中地；还有德国的莱茵-鲁尔地区，包括90个不同大小的城市，其中没有一个占据主导地位，通常被认为是一个真正的多中心的特大城区（Hall and Pain，2006）。美国也有两个突出的超级城市区域：一个是洛杉矶城市周围的广阔城市区域，著名的地理学家爱德华·苏贾把该区域称为“后都市”（Soja，2000），另一个是东北城市地区（从华盛顿到波士顿），可以被视为城市区域的原型，20世纪60年代，法国地理学家让-戈特曼（Jean Gottmann）就根据这一区域创造了“大都市圈”这个概念（Gottmann，1962）。

城市区域理论不仅仅是城市规模和人口结构的问题，它还说明了聚集经济在专业化和精细化的过程中所获得的重要性。前者是由阿尔弗雷德·马歇尔（Alfred Marshall）提出的著名理论，后来成为工业区理论的概念基础——该理论认为，地方生产系统受益于专门从事同一类型生产的公司和劳动力市场，从而有利于相互信任和协作的关系的形成以及隐性知识的交换（Celata and Rossi，2009）。在20世纪80年代和90年代有关工业区的文献中，新马歇尔主义经济在以中小城镇为特征的区域空间中尤为明显。另一方面，简·雅各布斯（Jane Jacobs）提出了一个著名的理论，即城市经济的活力在于其行业的多样化，从而刺激了当地的竞争（Jacobs，1969）。城市后福特经济的显著特征是，它们将这两种明显矛盾的现象结合在了一起。正如全球城市区域的主要支持者艾伦·斯科特所言：

因此，大城市必然是所有生产行业的重要资源和发明的重要中心，对于那些导致这些结果的基本条件非常集中的后福特工业来说，就更是如此了。最后，在任何一个城市区域，多个产业集群或综合设施的频繁开发，特别是在涉及不同领域的行业之间产生了强烈的溢出效应时，都会导致其高速增长。(Scott，2001：819—820)

总而言之，当代全球城市区域体现了城市动态协调与经济活动、专业职能和人口(及其相关的人力资本)的集中相关的累积、定量的因素与在第一章中被定义为“认知资本”的生成相关的定性维度的能力，它是马克思和一些新马克思主义学者所称的“一般智力”的产物(见第五章)。随着全球化的到来，这种能力再一次得到强化，使城市成为剥削和资本主义文化再创造的中心地带。

深化资本主义全球化

从把全球城市当作具有累积效应的经济战略组织和功能的重心的全球城市理论，到将当代世界解释为一系列的行动者网络的跨国视角的转变，为人们理解城市-全球化关系的方式的重大变化奠定了基础。这些变化的角度是资本主义全球化深入发展的例证，这一点将在后面的章节中进一步阐释。

政策流动性范式

关系视角建立在这样一种假设之上，即全球化进程使思想、信息、知识、制度实践和城市发展想象进入了一个加速循环的模式。在这种背景下，城市成为知识、观念和实践流动的关键节点，这要归功于中介人员和机构在其中扮演的角色。支持关系视角的学者认为，当前的全球化进程正在全球范围内制造日益同质的城市经验，这主要是由于城市发展和再生政策的流动性增强了(McCann，2011)。说得具体一点，这就意味着，近期，分布在全球不同地区的城市，都因为接受来自“其他地方”的政策口号和相关的业务框架而发生了改变，无论是主动地，还是被动地。这种流动和接受的过程之所以能够发生，不仅仅是通过信息和通信技术，而且也因为越来越处于霸权地位的新自由主义，新自由主义是作为移动技术被动员起来的，也就是说，它是作为“一种可迁移的、在不同政治环境中选择性采用的管理逻辑”(Ong，2007：3)。因此，与所谓成功的城市发展和再生“模式”相关的空间想象，已经被世界各地的经济政治精英所采用，通常是伴随着国家和超国家的政府管理阶层的介入，通过定性的差异化模式，反映经济发展的应急策略。这一观点远不是从接受全球想象的角度来理论化城市政治景观，而是强调了全球地缘经济制度逻辑在流动过程中，在其适应不同的制度环境、经济政治条件和文化意识形态结构的过程中，所产生的杂糅、转化和多样化现象(Brenner *et al.*，2010)。在最近出版的一本书中，杰米·帕克和尼克·西奥多(Nik Theodore)研究了参与式预算政策是如何通过流动环节最后被问责制的新自由主义逻辑同化的，参与式预算政策最初是披着进步的外衣，在巴西阿雷格里港进行试验，有一段时间，它甚至在全球范围内成了左倾的市政府的一项旗帜性政策(Peck and Theodore，2015)。

流动性的概念并不意味着有一个水平空间概念存在，知识流动可以在那里自由地交融。相反，根据这一观点，在主要资本主义国家存在着一小部分参与者和机构，负责管理信息、思想和城市发展政策的传递。尽管从财富创造的角度看，已经形成了一个更加多极的世界，但美国仍然集中了无与伦比的机构和力量，生产战略性的、可供出口的知识(基金会、私人和政府的研究机构、全球知名大学、咨询公司),从而保证了它作为社会福祉理念和经济发展模式输出国的霸权地位。从这个在文化上占主导地位的民族国家引进的公共政策,推动着当代城市的代表(全球的、企业的、创新的、可持续的、坚韧的、智慧的)以及城市生活环境的具体方面:从住房政策到公共空间的设计,从社会福利到文化主导下的再生产,从经济开发区到贫民窟(slums 或 favelas,villas miserias,bidonvilles,不同的国家有不同的叫法)和贫困社区的更新换代。

因此,城市经验是由于全球化作为一种强化政策循环现象的加强而形成的。这种流动性过程发生在全球资本主义的背景下,其特征就是参差不齐的城市发展的新自由化。一方面,城市发展模式的循环在城市规模上具有同质化效应,因为所有城市都渴望变得更加智慧,更有创造力,并且具备更好的自我修复和可持续发展能力。另一方面,富有地方特色的制度安排和更广泛的国家背景仍然起着决定性作用,从而产生了与城市发展模式相结合的杂糅(hybridization)现象,而这些城市发展模式也正是全球化的思维和行动结构的表达。在这种动态发展过程中,新自由主义已经被证实为特别适合解释当代社会复杂状况的政府移动技术:它在全球范围内施加霸权,不仅仅是通过强制性的规则模式(比如,强制推行公共服务私有化、削减财政预算),还通过倡导民众责任和激进的公民意识等理念(Marinetto,2003),以及笼络少数群体,如性少数群体、其他传统上倾向于越轨甚至是反抗的少数群体(从街头的流浪者到艺术家群落)。新自由主义的这种矛盾正说明了它作为全球化制度引擎的成功,同时作为增长的必要条件和强调参与、多元化、个人意识这些价值体系的道德制度所发挥的作用(见第三章)。

正如前面已经提到的，新自由主义政策以及相关资本主义文化的传播、认可和合法化过程也因为一系列广泛的个人和机构的介入而被固化了：促进经济发展的各种基金会、职业化的网络和游说团体，以及大量关心城市问题的个人和公共部门等（Peck，2010）。在主流的政治科学文献中，新自由主义在世界范围内的推广过程一般被理解为“政策转移”，而在当代批判性城市研究中被重新界定为“政策流动”，强调的重点则是该理念和政策在全球推广中的再造过程。从这个意义上说，对政策流动现象感兴趣的学者会把城市之间的“相关性”看作城市全球化的粘合剂（McCann and Ward，2010）。

理查德·佛罗里达提出的创新城市的理论观点是政策流动性的典型例子（见第三章）。全球城市都把发展创新城市的理念融入到了它们的城市治理和战略规划中，尽管它们常常只是为原本的城市振兴方案重新贴一个标签（Ponzini and Rossi，2010）。这种吸收和言辞上的改头换面常常无法获得主流创新城市发展理论倡导者的认可。在其关于创意阶层的畅销书第二版中，理查德·佛罗里达专门增加了一章，引领大家关注在过去十年中（从他出版该书第一版之后算起），有关创意阶层的话语在“全球范围的延伸”。然而，他的解读并没有澄清以美国为首的各种机构在全球范围内传播创新城市话语中所扮演的积极作用（Florida，2012）。在他的叙述中，创新城市政策在全球范围内的推广被看作是一个自然的过程，是开明的当地管理机构和其他个人与公共团体在吸收这些理念之后自发产生的。艾伦·斯科特对佛罗里达理论的创新成分做了批判性分析，他注意到，佛罗里达在描述创意阶层理论时所使用的规范性语气，与他对执行制度问题的漠视，形成了鲜明的对比（Scott，2006）。现在，按照相关的论述，从政策-流动性的角度看，我们可以发现，理查德·佛罗里达是如何在最近几年，忽略了全球化作为流动空间的功能以及创新城市理论在“全球范围的延伸”背后的霸权式的政策流动现象。

简而言之，对城市发展政策的推广与接受，以及与之相关的地理想象，带来了社会化进程，而政策-流动性观点则代表着人们试图捕捉这一社会化进程的高级阶段。这一观点对于深入理解全球城市化现象具有决定性贡献。与此同时，从本书所采纳的关于全球资本主义语境下的城市的观点来看，这种范式又有很大的局限性。在有关政策-流动性的论述以及相关的各种研究中，这种社会化进程基本上被局限在精英阶层，而新自由主义则被看作是某种在全球范围内流动的外部力量。与之相反，本书旨在展示，新自由主义是如何被理解为全球资本主义一个基本的组成部分，它的当务之急——社会与个人的企业化——与当前以知识密集型为主的城市资本主义经济特别契合，关于这一点，我们会在第五章详细讲述。另外，政策-流动性观点也意味着，在全球化了的世界中，总有一个“中心”顽固地存在着，从中产生主导性的政府理念，而政策转移也总是习惯性地源于此间。从很多方面来看，在推行传统的城市发展想象中，这种情形也的确存在，比如，前面提到的创新城市理念，以及第四章将要分析的西方形式主导下文化殖民现象的普及；与此同时，当前的通信和认知资本主义也深受越来越去中心化的全球话语的影响，人们很难分得清哪里是中心，哪里又是边缘，是往内进口，还是向外输出。正如本书第五章总结部分所示，交互式数字技术的出现，以越来越块状操作的方式，在全球传播人类经验的过程中扮演着重要的角色，而当前的政策-流动性研究却没有注意到这一点。最后，从一个更加不确定的角度看，在 2008 年金融危机之后，既有的全球精英的合法地位正在日渐式微，这也对潜在的以精英为着眼点、理解全球城市化的方法论设想构成了严峻的挑战，关于这一点，本书的结论部分将会进一步讨论。

全球城市主义与星球城市化的命题

2010 年—2015 年间，关于城市和全球化的争论又一次喧嚣尘上，特别是在具有开拓意义的星球城市化和全球城市主义命题出现之后。全球城市主义的概念源于后殖民主义对当前城市研究的批判，重在强调打破全球南北方国家二元对立的必要性(Sheppard *et al*，2013)。正如那些研究城市的政治经济学家所指出的那样(Peck，2015)，正因为人们对城市-资本主义共同体的关注非常有限，后殖民主义的城市主义才可能带给我们重要的启示，特别是在方法论的层面上，有助于我们思考资本主义社会中的城市化的经济-政治地理。

另一方面，星球城市化的概念是由尼尔·博伦纳提出来的，他在 2013 年之后发表了一系列作品，大部分都是和瑞士城市主义者克里斯蒂安·施米德(Christian Schmid)合作发表的，清晰地论述了城市化在全球资本主义背景下的新格局。在他们的著作中，博伦纳和施米德批判性地回顾了最早由联合国提出、现在已经获得普通大众和城市研究者普遍认可的城市时代这一命题，据此观点，预计到 2030 年，大约三分之二的世界人口将会被城市化。博伦纳和施米德认为，这一建立在人口统计学基础上的论断，属于经验之谈，经不起科学的推敲(它依赖于各个民族-国家提供的数据库，而这些数据库的标准却千差万别)，所以，他们提出了另一个概念，即“星球城市化”。这一概念是建立在亨利·列斐伏尔的理念之上，列斐伏尔认为，从集中、扩展，再到异质的辩证的、爆炸性的城市化发展过程，将会取代传统意义上的城乡二元对立。但是，博伦纳和施米德不认为密集和集聚是城市性的鲜明特征（Brenner and Schmid，2014 和 2015）。他们尤其关注“延伸的城市化”现象，认为这才是伴随全球城市化进程的深入而产生的主要新特点：

> 我们认为，不管是历史上，还是在当前，向城市转型的地域涉及的范围都非常广阔，包括各种不同的地区和地貌，而且，它们的发展状况也很不均衡，其中，很多地方的人口可能相对较少，比较分散，甚至都算不上社区，但是，即使在那些地方，主要的社会-经济、基本的社会-更迭的变化也已经发生了，就是为了支持往往是位于远方的集聚区的日常运转和发展重任，或者就是这些集聚区发展的产物。有鉴于此，集中发展的城市化时期与**延伸的城市化**是密不可分的。（Brenner and Schmid，2015：167，强调部分为原文所加）

对城市与资本主义之间关系问题进行理论化的过程，一方面，是关注城市作为一个衔接节点，为商品、半成品和原材料在世界范围内的流动提供至关重要的后勤保障和一系列的基础设施；另一方面，它也关注资金积累的概念化问题，资金积累作为一个剥夺的过程，涉及圈地和公共资源及产品的私有化：

> 延伸的城市化与剥夺式的暴力积累（常常由国家机构发起并强制执行）密切相关，通过这种方式，尚未商品化的社会生活模式被瓦解，并逐渐并入全球范围内的劳动分工和交换系统。（同前）

博伦纳和施米德对当前城市化进程的概念化涉及三方面的内容，一方面，他们认识到集中的城市化形式和趋异的城市化形式一直都很重要，他们强调"星球城市化"这个议题以及潜在的资本主义的概念化过程，资本主义作为一个殖民过程，涉及资本家对之前存在的非资本主义生活方式的剥夺，而这种剥夺则是由于新自由主义政体在社会治理方面的运作才得以实现。对资本主义的这种概念界定特别吸收了大卫·哈维的"剥夺性积累"理论，在其新自由主义的资本主义的理论框架下，哈维认为"剥夺性积累"是"新帝国主义"的一种表现，它通过永久性的、连续性的原始积累的方式，达到对土地和自然资源等公共产品的占有和挪用（Harvey，2003；对此议题更详细的分析，可以见第五章）。对资本主义以及相关城市化形式的这种解读，算是抓住了一些问题的关键，那些正在崛起的国家经济和正在经历资本主义扩张进程的地区就在经历这样的过程，不过，这种解读是建立在公共资源和资本主义本身都是"被动的"这种理念上。实际上，正如哈特和奈格里所指出的（2009：133—142），当代资本主义的发展依然主要是依赖创造价值，只不过是通过剥削"生物政治性劳动"：海量的知识、情感和社会关系等，这些因素独立于资本之外，但是，资本通过把社会和生活本身融入资本主义进程而占有它们，可以对它们产生影响。在这种语境下，在他们看来，城市环境——特别是那些合作关系密集也因而能够产生浓厚的外部效应的城市环境——为资本主义生产提供了一种由情感劳动产生的"人为的共有"。对资本主义的这种分析有助于我们理解社会和机构遍布的城市环境所产生的剩余价值，因为在那里，机构、社会关系和各种互助的生活方式都非常密集。从这个角度来看，知识密集型城市主义的主要模式，比如以创新城市和智慧城市为代表的这些主流概念，并非只是新自由主义主导下的城市治理理念为了“推销城市”而制造的“空洞的噱头”（Wiig，2016），或者在混乱的城市环境中为了规范人们的社会行为而提出的技术创新（Vanolo，2014）。相反，它们应该被理解为由政治经济精英推动的霸权工程（Jessop，1997），这些社会精英们在操纵着城市环境过程中推动社会进步的外界因素（Rossi，2016）。

艾伦·斯科特和迈克尔·斯多波在一篇文章中讨论了星球城市化和全球城市主义这些议题的局限性，他们强调，在后福特时代——还可以加上，借用哈特和奈格里的说法（2009）——以及生物-政治生产的背景下，资本主义经济集聚一直都很重要（Scott and Storper，2015），这一点无疑是正确的。经济衰退之后，全世界的城市都在见证城区的经济复苏，这尤其是由于高新技术企业在当代资本主义社会中的作用（这一点在第一章已经讨论过了），另外还有一个因素，那就是更大范围的经济价值化，比如那些被习惯性地称为“共享”的经济元素（Stein，2015）。尽管产生了一些新的城市不平等现象（房价上涨以及相应的伸士化倾向、撤销对劳动力和自我雇佣机制的管制、部分数字公司的权力垄断），但是，抛开这些社会影响，城市高新技术企业和共享经济均受到了强烈的社会情感关系的滋养，同时还受益于市中心密集的人口环境，这一点在大城市尤为突出。正如本章前面所讨论过的，对全球城市化进程的描述以及更大范围的对资本主义的理解，主要集中在剥夺、圈地和殖民这些概念上，而资本主义生产的生物政治层面以及相关的城市化形式却被大大地忽略了。即使如此，我们还是应该更仔细地重新评估由后殖民主义城市研究者所倡导的比较研究方法，尽管这一方法由于缺乏概念抽象性和特殊性而受到斯科特和斯多波的责难，遭到摒弃。比较城市主义源于后殖民主义批评，旨在揭示地方的独特性以及城市发展道路不可化简的多样性，尤其是从全球南北方国家分化这一观点来看(Robinson,2011)。在这一方面，比较城市主义不同于常规社会科学中的传统的比较研究，常规社会科学则试图构建类型、模型和等级分类，而它排斥规范的知识。从这个角度来看，后殖民主义批评强调生活形式的多样性以及对城市状况的去中心化理解的必要性，为我们分析生物政治时代的全球资本主义城市，提供了有用的概念工具。因此，我们有必要考虑后殖民主义学者提出的、针对社会科学中的西方中心论的具有挑战性的解决方案，比如，“新的地理学理论”(Roy,2009)和“南方理论”(Connell,2007;Comaroff and Comaroff,2012)。此外，在最近发表的一篇文章中，詹妮弗·罗宾逊已经展示了重复、差异和奇点生成的并置原则是如何成为当代城市现象的中心的，而城市通过相关的联系过程，已经越来越接近全球化的实体。完善后的比较城市主义概念避免了危及她的“普通城市”命题的特殊主义(particularism)风险(Robinson,2006)，提供了一种更加充满活力的研究方法，重点关注作为相互联系、相互关联的“单个(singularities)”主体与资本主义现代化和发展的“重复例子”相结合的城市语境，使我们能够以全新的视角理解持续不断的西方同质化进程，如我们在本书第四章将会分析的。

然而，在城市研究中，对比较研究法的兴趣并不仅仅局限于后殖民主义的批判和思考，也源于对城市发展轨迹的相关思考，正如本章前面提到的那样，这是对城市主义领土观的替代或补充(Ward,2010)。这也促使我们关注斯科特和斯多波在批判比较城市主义时所忽略的另一个方面：政策话语在当代全球城市主义的产生中所起的作用。关联视角不把城市政治理解为一个封闭的、自给自足的领域，它认为全球城市之间的联系会日益增长，尤其是受到公共话语和城市发展模式的跨国传播的影响之后。这种立场受益于文化政治经济学,鲍勃·杰索普(2004)和其他英国学者已经对此理论化,并且,在实践中把它运用到了不同层级(特别是城市地区)的霸权主义工程和积累战略研究中。关于城市政策在当今世界范围内的流动现象的文献表明,政策必要性流动蕴含着一个为了适应不同政治经济环境而发生的转变过程,而不是严格意义上的双边出口、移交和采纳。这种现象是导致城市经验在全球范围内趋同的决定性因素,也产生了越来越多的跨国城市治理模式(见 Ferguson and Gupta,2002)。然而,正如前面一节所指出来的,只关注政策话语是不够的,因为它的局限性就是让我们只关注精英阶层的角色和看法,而考虑不到全球资本主义这个日益增长的根本特征,那就是,无处不在的技术互动时代使整个社会和个人都变得企业化,具体内容在本书第五章将进行详细分析。

总结

现在人们普遍认为,城市和全球化是与我们这个时代密不可分的现象。在过去的25年里,越来越多的城市学者致力于研究城市与全球化之间的关系:从世界城市研究的先驱者(约翰·弗里德曼、萨斯基娅·萨森、迈克尔·彼得·史密斯和彼得·泰勒是最有影响力的学者)到最近的全球城市化和全球城市主义论点的支持者,如尼尔·博伦纳和后殖民主义学者。但是,很少有人去认真思考,对城市-全球化之间关系的不同诠释,是如何帮助我们理解资本主义的多面性的。本书,特别是这一章,一方面是通过城市与城市之间的关系、城市化进程和城市主义的社会文化现象这个视角,另一方面则是通过全球化的视角,旨在帮助人们理解资本主义的多面性。

由于城市常常成为跨国公司总部、国际组织和最先进的商业服务所在地，早期研究往往把城市作为全球经济的堡垒，认为资本主义是极端两极化的现象，不管是在社会空间层面，还是经济层面。在那个时候，资本主义全球化被诠释为一个过程，主要是关注经济上处于领先地位的参与者的霸权角色。在全球范围内的每个城市，制造商提供的服务都是不一样的，而这种服务是与该区经济参与者的活力息息相关的。第四章将首先考察如何结合文化层面的殖民势力，去理解全球化的城市现象，特别是早期的全球化概念。在这种背景下，全球城市被标榜成了资本主义力量及其文化表征的磁石。这种趋同化的理念依然是全球化进程的一个固有特征，但随着时间的推移，它也被佐以其他一些观念，比如，全球城市化是由人口、知识和话语的移动、传播和流动所支持的一种具有社会扩散性且内部不断分化和演变的现象。尽管政策流动模式和全球城市化观点具有相关性，但本书后面的章节却旨在超越全球城市化的概念范畴，至于原因，本章前面已经有所说明。下面一章将说明，全球资本主义是如何因为城市与新自由主义之间持续的互动过程而得以成型，新自由主义被认为是一个实体，它已经成长为资本主义城市的一个有机部分。今天，城市在全球资本主义中的中心地位，源于城市与新自由主义之间的这种密切联系，这种联系甚至早于全球化本身的到来，至少以我们现在所拥有的知识来看是这样的。此外，本书第四章所讨论的殖民势力在全球范围内的扩张，展示了西方文化持续的主导地位，但是，对全球化进程的理解也要因地而异。在此基础上，本书第五章将会讨论当代生物政治社会在城市的表现形式。它先是提供了一张资本主义城市主义的矛盾的画面，在这张画面中，通过经济实验，当代城市的交流和认知潜能得到充分发挥，使得积极动员与受到压制的社会阴暗面

（通过在全城范围内实施常态化的紧缩政策）长期共存，从而重申资本主义对幸福和繁荣的承诺。得益于其延展性和自身的矛盾性，新自由主义的政府理念（它把重点放在了社会和个人的企业化方面），在生物政治时代，在表现为全球资本主义的这种阶层化的经济进程、生活形式、霸权和历史暂时性的过程中，表现为一种统一的、整合的力量。

第三章　延续

作为有形实体的新自由主义

新自由主义通常被理解为一种政治和社会哲学，20 世纪 30 年代，它首先是作为一种非正统的经济思潮出现的，第二次世界大战之后，特别是在 20 世纪 70 年代中期的经济危机以及福特-凯恩斯主义倡导的资本积累解体之后，新自由主义成为一种类似于“政府艺术”的霸权思想。在接下来的十年里，苏联解体为新自由主义思想主导下的资本主义取得显著胜利开辟了道路，而除了新自由主义，也确实没有其他切实可行的思潮出现。因此，可以说，新自由主义思潮是在 20 世纪 70 年代和 80 年代之间，在经济和地缘政治处于动荡的时期，占据了一席之地。在此后的二十年里，新自由主义在质和量上都有了很大的提升：一方面，新自由主义对资本主义社会现有的经济和机构关系进行了深入的调整；另一方面，正如前一章已经提到过的，新自由主义在全球化不断推进的情况下，也逐渐扩大了它在全球范围内的影响。

众所周知，城市在新自由主义上升、巩固和地域扩张上发挥了核心作用。但是，本章不仅会谈到新自由主义作为一套理念，在政治层面上被接受，并且被输出到公共政策领域这一特征；还会谈到新自由主义的崛起是如何与当代资本主义的发展动态密不可分，以及城市对实现新自由主义的目标是如何至关重要，它不仅仅是政策实施的场所，也是催生新自由主义的摇篮。城市确实为社会和个人企业化以及生活“经济化”提供了肥沃的土壤，而这些都是先进的自由社会的主要特征。“城市企业化”的概念——其社会文化根源和演变历程——在本书第一章已经提到：简单来说，它指的就是城市政府利用社会资源的杠杆作用，激励促增长的发展联盟的形成，以此来吸引公共和个人投资，促进当地的经济增长，营造利于商业发展的环境（Harvey，1989b）。正如前一章所述，自中世纪以来，城市一直处于社会企业化的前沿，不管当时的社会处于什么样的发展水平。“经济化”这一密切相关的概念指的是，将公民和公民身份本身这个概念简化为经济人的逻辑，这种逻辑掩盖了公共领域作为一个独立实体存在的事实，似乎受增长驱动的经济生活就是人类生活的全部（Brown，2015）。

基于上述讨论，本章将主要展示当下城市和新自由主义之间的紧密关系是如何建立在一种互惠互利的基础之上。这意味着，一方面，新自由主义是在借助城市现象，尤其是它在资本社会的成型方式上；另一方面，城市现象也在利用新自由主义文化，特别是它倾向于把社会生活的方方面面都要商品化、规模化的态势。本章第一部分向读者简要介绍了新自由主义的主要研究方法，说得具体一点，就是关于城市新自由主义的研究方法；第二部分展现了新自由主义将城市现象的长期特征融入资本主义社会的方式。最后，本章的第三部分探讨了城市现象因为新自由主义的出现而得以重塑的方式。

城市-新自由主义共同体

新自由主义的发展浪潮为何在当下世界各地的城市中如此成功？对应这个问题，出现了两大主要的批判性思维，它们为我们提供了这一问题的答案。首先是，受马克思主义启发的城市政治经济学者，尤其是那些从亨利·列斐伏尔和大卫·哈维以及他们关于建成环境在资本次级循环中的作用的理论中获得灵感的人（见第一章）。在福特主义衰落以及随后的20世纪70年代和80年代的去工业化浪潮之后，城市环境意味着越来越多的利润，正是在这种背景下，他们把城市新自由主义的上升与治理结构企业化联系在了一起。正是从这个意义上说，新自由主义被理解为社会治理和资本积累策略的霸权模式，它借助供给侧经济政策，旨在提高包括城市和它的经济参与者在内的公司和区域的竞争力（Brenner and Theodore，2002）。

第二种派别的学者主要是受到了米歇尔·福柯著作，尤其是他对新自由主义政府的诊断的启发。这些学者将城市视为一个至关重要的空间，在那里，人们不仅可以观察，而且还可以批判性地分析新自由主义的落地（materialization），即新自由主义同时作为一种政治理念和治理艺术，以“自由”“参与”和“责任”之名被付诸实施（Swyngedouw，2005；Blakeley，2010）。在这种背景下，政府对新自由主义的理性接受意味着，它们愿意通过日益复杂并越来越合理化的评估、监督和教育系统的运作，将城市居民变成负责任、守纪律并且积极向上的个人。吉奥乔·阿甘本的近作就是以福柯的生物政治概念为基础，来调查权力和主权在民主的极权主义模式下不断变化的方式。阿甘本是一位意大利思想家，之前专注于研究美学，以及 20 世纪的德国哲学家的研究，如海德格尔、阿伦特和本雅明，他们三个人都经历过纳粹政权，只是经历的方式不同（海德格尔作为大学校长，是主动涉入其中，阿伦特和本雅明则是被迫流亡）。相对于社会科学中的其他领域（如地缘政治、国际关系和移民研究），阿甘本对城市研究的影响比较有限。但是，当代人对新自由主义概念的接受，却主要归功于他的神圣人（Homo sacer）理论（Agamben，1998）。例如，人类学家翁爱华（Aihwa Ong）在她的一本颇有影响力的书中就选用了阿甘本的“例外”概念，作为主权统治的基本原则，来分析正在崛起的东亚经济中既包含又排斥“例外”的新自由主义政治（Ong，2006）。她的著作，尤其是她将新自由主义定义为移动政务技术的理念，激发了城市研究中一些关键概念的形成，例如，“多样化的新自由主义”和“政策流动”（见第二章和第五章）。

因此，批判性城市研究启用了新自由主义这个概念，主要用来指涉两个截然不同但是又相互关联的项目：第一，以公有企业公司化和经济增长的霸权主义为中心的政治-经济调控模式，它采取扩张性的财政政策，通过减免分红和长期资本收益的税收来刺激经济活动；第二，一种话语-道德的政府理性，旨在沿着竞争、个人和社群链条重新打造现有社会关系。在批判性城市研究和更广泛的批判性社会科学中，越来越多的学者试图通过采取所谓的后结构主义或者文化政治经济学的方法来调和这两种思路，也就是将主体形成的话语机构与经济政治举措及相关的积累战略结合在一起进行分析（Larner，2000；Jessop，2002a；Barnett，2005）。最近，在城市研究中有许多人拒绝从经济角度去理解新自由主义和全球化，特别是在该领域出现后殖民主义批评狂潮之后，后殖民主义批评家质疑以西方为中心的经济理论的公正性，提请人们关注当今“城市世界”中日常生活的多样性（Robinson，2006）。这也促使城市政治经济学家反思他们自己理论框架的普遍性，因为当初这些理论框架是以发达、自由的资本主义社会中的城市为参照形成的（Peck，2015）。

尽管有对后殖民主义的批评声音，也有很多人质疑新自由主义概念由于多元化使用而面临概念泛化的危机，可是，在今天林林总总的霸权治理理念中，新自由主义依然稳居霸主地位，即使是在2008年经济崩溃，相关的种种合法地位面临危机之后。与此同时，考虑到新自由主义研究的社会普遍性，它仍然是批判性社会科学家热推的指导性概念——尤其受到城市学者的大力吹捧——用来处理越来越多的研究问题。

城市化的新自由主义

城市与新自由主义的双边关系，首先可以通过观察发达经济体中的城市经验的显著特征而获得，这些显著特征已经成为新自由主义理念主导下的社会治理的关键方面。一般而言，当公共政策侧重于总需求和社会福利时，特别是在凯恩斯主义盛行的“资本主义黄金时代”，城市的首要任务就是增长。正如美国战后城市政治专家所强调的那样（Peterson，1981；Berg，2007；Judd and Swanstrom，2014），这一说法尤其适用于响应联邦计划的美国城市。后来，在城市治理企业化的旗帜下，增长任务融入更加连贯的政治、理念和意识形态的框架中，我们现在认为，这就是“城市新自由主义”的一个显著特征。说得更具体一点，有两个历史上与资本主义城市休戚与共的因素在当代新自由主义社会中发挥了至关重要的作用，那就是：消费和住房。

消费机器

自从资本主义兴起，城市社会就伴随着稳步增长的个人消费。随着商贩和买家的大量集中，城市和大都市地区就成了消费增长的重镇。随着大批量生产在20世纪的出现（现在人们习惯性地称之为“福特主义”），在西方社会，尤其是在城市和大都市地区，越来越标准化的消费形式日益普及。百货商场最早是在人口众多、文化氛围浓厚的工业城市出现的，比如像巴黎、纽约和芝加哥，在20世纪它取代了小型商店和传统的露天市场，遍地开花（Sennett，1976）。特别是在二战结束后的30年里，在所谓的“资本主义黄金时代”，大众消费走向中心舞台。

在20世纪70年代的经济和地缘政治动荡之后，福特主义和相关大规模生产体系的衰落为新型的资本主义发展模式的出现铺平了道路，这种发展模式通常被称为后福特主义，它一方面基于精益生产（特别是以本田的准时制生产技术为代表），另一方面则是基于审美化的消费。在福特主义时代，以及所谓的城市工业资本主义黄金时代，大众消费主要着眼于耐用品如家用汽车、家电和家具的购买。而在后福特时期，日益个性化的消费形式开始崭露头角。从20世纪80年代初，资本主义公司开始采用所谓的“柔性生产”，以适应这种新的消费模式（Piore and Sabel，1984）。因此，自20世纪70年代以来，为了应对大规模生产所缺少的独特性，一种建立在“有差别商品化”和“批判中立化”基础上的“新资本主义精神”，赢得了一席之地（Boltanski and Chiapello，2005）。

资本主义精神的质变也伴随着城市人口的增长，这也是全球化扩张和第二章提到的“星球城市化”的出现带来的结果。伴随着全球城市化的不断扩张，在世界越来越多的新兴市场中形成了一个全新的消费阶层。例如，在印度和中国，经济快速发展，打造消费阶层就成了公共政策需要优先考虑的事情。2013 年，中国政府宣布了一项全面的城市化计划，计划将目前生活在农村的大约 2.5 亿人（差不多是美国总人口的 80%）迁移到迅速扩张的大城市中。这些新建城区的目的是促进经济的新一轮增长，新的城镇居民阶层的形成也必然会带动国内产品的消费，促进公共服务设施的建设。正如全球咨询机构麦肯锡所说，中国目前正在见证新一代消费者的崛起，这一代消费者“有钱，更加个性化，也更加见多识广”，他们不再只限于沿海城市，而是向内陆城市日益扩散，“这些消费者通过高品位或者更高的地位，来寻求情感的满足，他们忠于自己信任的品牌，而且更喜欢小众产品，而不是大众货”（Barton *et al*，2013）。在中国，国内消费市场的形成，与工资的大幅度提升是分不开的，也因此，许多跨国公司不得不搬迁到劳动力更加便宜的其他亚洲国家。在印度，以印度民族主义者纳伦德拉·莫迪（Narendra Modi）为首的政府，通过减少官僚环节、改善基础设施、积极推动“印度制造”运动，以吸引跨国公司到印度来投资建厂。跨国公司对这一过程非常感兴趣，因为他们“被印度的消费潜力所吸引”（Bradsher，2015），设想跟中国类似的经济发展轨迹也会在印度发生。

尽管从严格的宏观经济的角度看，中国和印度的城市化和工业化进程可能会引出以满足需求为目标的凯恩斯式经济发展路径，但是，对新自由主义社会治理理念的采纳也会把个性化的消费文化逐渐灌输给这些新兴经济体中的公民。在中国，最近的城市化计划是建立在先前的社会分化过程以及由此产生的新的城市小平等的基础之上，不平等的根源就是20世纪80年代后期采用的以市场为导向的经济政策。中国的经济改革意味着，过去二十年中大规模的消费模式背后再分配政策的削弱，这种做法的结果就是拉大了购买力的差距，从而为正在进行的“城市消费革命”（Davis，2000）奠定了基础（见第四章）。

资本主义企业的多元本地化战略影响着消费主义的个性化和多样化，而新自由主义则加强了消费主义的个性化和多样化，这种加强体现在三个层面。首先，新自由主义政策使得全球化在世界经济中发挥着霸权的力量，为国际直接投资和从国外进口商品打开了市场，甚至在中国和印度这些先前实行国家计划经济的国家也是如此。其次，新自由主义政策引发了越来越多的社会领域的商品化进程，这些社会领域诸如医疗保健、交通、教育和职业培训在福利资本主义阶段是在国家控制之下的（Comaroff and Comaroff，2000）。而在新自由主义王国，商品化和与之相关的大量的消费主义现象不仅影响到了传统的消费品，也影响到了公共服务，并逐渐侵袭到了日常生活的方方面面。其实，早在20世纪20年代，马克思主义理论家格奥尔格·卢卡奇（György Lukács）就对这种日常生活的商品化做了预言，在其物化理论中，他说商品将成为“整个社会的普遍范畴”（Lukács，1999：86）。这种无所不在的商品化意味着，我们现在不仅是商店、酒店等传统零售活动的客户，而且也是医院、学校以及在线服务的客户，所有这些已经彻底改变了人们的日常生活。最后，由于前两个因素的影响，新自由主义治国理念已经将竞争文化和社会阶层的划分融入到了个人生活之中，其中心思想就是追求“企业化的社会”，而这种企业社会的理想则是建立在企业和企业主的自由之上，而消费者（和工人）变成了他们的从属对象（Lazzarato，2009）。

在企业化和无所不在的商品化的大潮下，基于技术的共享经济也在资本主义社会的诸如食品、服务、交通、教育和金钱等各行各业不断扩张，它们逐步取代了传统的经济服务模式。这一进程又刚好与西方社会全球经济衰退带来的经济萎缩相重合。在短缺——不管是现实存在的，还是隐约感到的——状况下，服务行业的贸易自由化和经验维度的至高无上，成了共享经济蓬勃发展的关键因素（Stein，2015）。在这个领域，服务供应商和消费者之间的传统区别日益模糊，任何人都可以同时担任一个或两个角色。其实，“共享经济”这个词有些名不副实，因为交易是在私有制的基础上发生的，而不是在平等和共有的基础上共享或者共同创造，所以，不是共享这个概念原本所包含的意思。从这个意义上说，共享经济这种现象可能是受到了西奥多·阿多诺（Theodor Adorno）的“交换社会”概念的启示：由于经济、政治、心理和文化这些决定因素相互作用的影响，社会目标变成了生产交换价值本身，这就是交换社会（Adorno，2004）。

虽然共享经济在小城镇也很兴旺，但是，大城市和大都市区无疑是这种交换社会的重镇。此外，大城市和大都市区也见证了与此现象有关的最严重的冲突，这些冲突近来尤为加剧，也反映了共享经济的快速扩张。由出租车司机领导的针对优步（Uber，全球共享经济的主要参与者）提供的出租车服务的抗议活动在全球很多城市都有发生，包括巴黎、伦敦和孟买。最近，在游客为主的欧洲城市，比如巴塞罗那和柏林，地方政府对临时住房的租赁市场实施了更为严格的管控，以限制旅游经济对租金和整个住房市场产生的扭曲性影响。与大城市相比，小城市在应对这一现象时，在许多方面处于更有利的地位。在美国，纽约市对爱彼迎（Airbnb）等在线服务出台了限制性规定，但是，在其近邻——新泽西州的第二大城市泽西市，市政府则计划通过立法，使短期租赁合法化，这样一来，居民即使不住在自己的房子里，也可以自由地出租他们的房产，只是要求出租房屋的居民支付同样的税款，就像传统宾馆收取客人的一样(Chaban，2015)。

资本主义城市充当“消费机器”的历史作用在认知-通信资本主义的大背景下尤为显著。在这个资本主义阶段，商品的消费和流动不仅完全被纳入到了企业的价值链中，而且被纳入到了整个社会，特别是作为生物政治再生产中心地的大都市的价值链中(Hardt and Negri，2009)，其中，企业更是把市场占有和销售看作是头等大事，是竞争中立于不败之地的关键因素(Porter，1985)。因此，当代资本主义，特别是其危机后的表现，深受以前的金融动荡的影响，为共享经济的兴起以及相关的以科技为基础的消费模式提供了物质基础。以科技为基础的消费模式特别适合“24/7 的资本主义”(Crary，2013)，在这种资本主义模式中，每个人都需要通过“智能的”技术设备，无论何时何地都与外部世界保持联系，时刻保持积极活跃、卓有成效的工作状态。也正是这种状况促使毛里齐奥·拉扎拉托(Maurizio Lazzarato)提出“机械奴役(machinic enslavement)”的概念：一种人机装置，其中，人和机器是生产—通信—消费这个流程上可以互换的配件，但是，流程本身却远远大于人和机器(Lazzarato，2014)。

在这种背景下，新自由主义在世界各个城市已经成为采纳和传播这种全面普及的生活制度的政治道德引擎。尽管不同阶段的消费经验在城市现象和资本主义演变中是无处不在的，但是，新自由主义已经接受了消费的必要性，使其至少在三个方面从属于一切商品化和企业化的进程。首先，由于新自由主义政策的实施，贸易行业和服务行业之前受控于专业组织，现在都被“个人企业家”

所取代：从住宿到私人交通，从商业到社会保障，最近共享经济的出现以及相关的所谓“体验式经济”借鉴了新自由主义社会中已经存在的放松监管和“个人企业化”的过程（见第五章）。其次，新自由主义重新激活了私有财产的资本主义文化，将其扩展到社会生活的所有领域，这一扩展过程先从住房领域开始的，因为它具有社会情感价值和政治价值，这一点将会在本章进行讨论。最后，新自由主义捍卫了公民作为投资者的理念（见第一章），使他们不仅仅是一辈子都在储蓄，也可以尝试从自己资产中提取一些租金。新自由主义社会后期形成的主导性话语促使人们产生这样的想法：为了应对社会福利的缩减和劳动力市场的波动，有必要从银行获得贷款购买房屋或汽车，二者的交换价值可以货币化，也可以重新投资到金融市场。这种机制反映，租金在认知资本主义中重新获得了中心地位，使利润和租金之间的区别越来越难以察觉（Vercellone，2008）。因此，债务和金融风险使个人（工人和消费者）从属于资本主义的利润和租赁逻辑，即使他们也参与到了显然是横向机制的协同经济中。

住房所有权社会的美梦（与噩梦）

住房是资本主义城市中的另一个社会领域，在这一领域中，商业化领先于新自由主义，但是，新自由主义的出现，加剧了它的商业化进程，从而产生了相互强化的过程。因此，新自由主义强调了资本主义社会的一个长期特征。从历史的角度看，住房领域在经济增长中扮演了一个反周期调节器的角色，这一点已经在事实中得到了证明：西方经济，比如美国经济，就依赖于不断增长的高房价，特别是在商业和政治的中心地带。然而，住房市场的活力完全取决于资本主义经济体的表现(尤其是在城市层面)和城市经济体的具体装置(Smet,2016)。比如今天,人们普遍认为,2007年—2009年的经济衰退后,美国城市精英所经历的科技热潮体现在了不断上涨的房价上,而在那些没有经历科技热潮的城市,住房市场就一直处于停滞不前的状态。

在资本主义城市化的背景下,住房市场的细分既反映了之前存在的社会分化,也反映出新的社会分化(Aalbers and Cristophers,2014),还不断地制造着区域间的不平等(Longman,2015)。二战以后,在所谓的"资本主义黄金时代",社会福利政策通过提供公共住房和住房补贴,减缓了住房的商业化进程。工业城镇中的工薪阶层居住的房屋,往往是由州政府和地方当局管理(比如,在英国就称为"议会住房")。在20世纪60年代和70年代,国家对住房市场的干预达到了顶峰,尤其是在西欧一些国家,社会民主党在国家政府中占据着领导席位。英国和瑞典在这方面都是值得注意的例子,因为这两个国家在20世纪60年代中期到20世纪70年代中期实施了雄心勃勃的百万住房计划。然而,凯恩斯主义国家面临的危机以及美国中上层阶级的财政抵制,使国家迅速停止对住房市场的直接干预,从而为重新认识私有财产和市场的自我调节能力铺平了道路。在住房领域,两大事件象征着以财产为基础的个人主义时代的来临:首先是1978年加利福尼亚州采纳了第13号提案(当时是罗纳德·里根担任州长),这一提案是针对州宪法的修正案,规定房产税不能超过房产价值的1%;其次是1980年,英国推出"购买权"的倡议,允许居住在国有住房的租户购买他们租住的房屋,这项提议是由首相玛格丽特·撒切尔领导的新保守主义时代的标志性政策(Jones and Murie,2006)。

加利福尼亚州第13号提案和英国购买权政策的重要性在于,

这些举措标志着20世纪80年代资本主义国家宏观经济政策的大规模逆转。美国所谓的里根经济学和玛格丽特·撒切尔所接受的新自由主义政策方针都强调“供给侧”政策，旨在刺激商业和劳动力，促进经济发展。这与凯恩斯时代对需求的管理形成了鲜明的对比，凯恩斯时代是基于对政府支出的倍增效应的战略性运用。新的供给侧战略的核心是减轻企业和资本持有人的财政压力：这一措施是与福利制度的萎缩、劳动力市场的放松管制以及国有企业中交通、能源和通信等关键领域的私有化相伴而生的。在英国，玛格丽特·撒切尔采取了这样的政策，而且，特别强调要减少工会的权力。之后，这些政策思想和方法理念在世界范围内获得广泛接受，从发达资本主义国家（法国和日本是20世纪80年代首先加入英国私有化进程的国家）到全球南方国家，这些全球南方国家是因为受到国际货币基金组织和世界银行这些总部设在华盛顿的信贷机构的敦促，而被迫采用“结构调整计划”。

在新自由主义的背景下，发达资本主义国家在战后几十年，一直在做降低税收基数的努力，而降低税收基数自然会破坏按比例、渐进式的税收原则。经济学家保罗·克鲁格曼最近指出，获得提名的所有共和党总统候选人都会提出为富人减税，并承诺给总体经济一个刺激计划（Krugman，2015）。然而，接受克鲁格曼和其他批评供给侧经济政策的左翼批评家所定义的“伏都经济学（voodoo economics）”的，不仅仅只是保守的政客们（Harvey，1989c）。因为这种支持减免税收而非公共支出的声音成了新的正统思想，所以，保守党政府提出的财政宽松政策从未受到中左翼政客的质疑，他们在20世纪90年代提出了所谓的“第三条路线”，比如英国的托尼·布莱尔（Giddens，1998）、美国的比尔·克林顿和德国的格哈特·施罗德。因此，至少在2008年金融危机之前，受凯恩斯经济理论启发的基于需求驱动的政策都被系统地边缘化了，并被排除在可行的替代方案之外。金融危机和相关的“全球经济衰退”(或者换一种说法，“大紧缩”)动摇了人们原来普遍持守的对公共政策领域的信念，特别是对放松经济管制的无条件信任。经济危机之后，在关于后衰退时期经济转型的公开辩论中，凯恩斯主义又一次走到了台前。2009 年，奥巴马总统宣布了一项新政，即通过增加政府支出来刺激绿色经济，而在个人减少对住房等关键领域进行投资的背景下，美联储试图通过增加赤字、支持需求的财政政策，来设法阻止金融危机的恶性循环。

然而与此同时，在大西洋的另一边，另一种想法却获得了广泛的支持，在欧盟政策制定者心中占据了主导地位：所谓的“扩张性紧缩”，这种听起来自相矛盾的说法，是假定系统性地削减预算会给经济增长带来积极效应(Blyth，2012)。欧元区处理危机的办法是通过采取扩张性紧缩的理念，从而在一个显然是全新的基础上重建新自由主义政体，实际上，是延续了 20 世纪 70 年代末 80 年代初的经济紧缩政策。就如其早期一样，这种新自由主义做法靠的就是预算削减和社会福利制度萎缩。这是德国奥尔多自由主义和美国新自由主义的奇特组合，其中，前者提议实行财政紧缩政策，后者则主张缩小政府规模，在全球经济危机之后，这一奇特组合改变了欧盟的背景(但是，第五章批判了那些站在民族主义的立场理解新自由主义的做法)。

现在，经济衰退貌似要结束了，原本执行的紧缩政策已经变得不那么必要了，政府领导人又一次开始承诺减税，并采取其他措施，以增加住房市场自住业主的数量。这种扩张性的财政政策是通过减税这种典型的供给侧政策来实现的，而不是像凯恩斯主义模式那样，通过增加公共开支来刺激总需求。这一点在当时英国和意大利这两个欧盟国家得到了证实，两个国家都是人口众多的大型经济体，而且住房自有率都很高，由于金融危机的影响，房屋市场一度冻结，住房自有率也暂时受到了影响，特别是在英国，根据欧盟统计局的数据，危机之前，英国的住房自有率远在70%以上，而在2013年下降到了64%（意大利的住房自有率比较稳定，一直都保持在70%以上）。为了解决这一问题，英国右翼政府已宣布，打算减少年轻人获得私人出租房屋的住房福利待遇，同时恢复玛格丽特·撒切尔提出的购买权政策（Right to Buy policy），重新落实她的“住房所有制的民主（home-owning democracy）”理念。

在意大利，由马泰奥·伦齐（Matteo Renzi）带领的中左翼政府提出一项计划——对居民作为主要居住场所的住宅免收市政税，计划从2016年开始。伦齐是一位年轻的、雄心勃勃的政治家，他显然是从托尼·布莱尔的第三条道路中汲取了灵感。批评这项提议的人员指出，富裕家庭将尤其受益于这项减税政策。然而，这一次，支持免税的政治联盟获得了两个党派的坚定支持，因为很显然，这项措施深受选民的欢迎。实际上，取消市政税收的决定是由罗马诺·普罗迪（Romano Prodi）领导的中左翼政府在2006年到2008年间做出的，然后由西尔维奥·贝卢斯科尼在2008年—2010年间担任右翼政府首脑时通过的。最终，这项税收又由欧盟前委员马里奥·蒙蒂（Mario Monti）领导的技术官僚政府于2011年重新引入，因为当时欧洲央行敦促意大利政府采取严格的财政紧缩措施。在英国，我们可以发现类似的利用住房所有权做文章的做法。在2015年4月的一次选举演讲中，戴维·卡梅伦宣称“关于住房所有制的民主梦是活泼的，也是美好的”，而几个月之后，在与当时的财政大臣乔治·奥斯本（George Osborne）共同撰写的报纸文章中，他写道：“我们将改变英国：将英国从一个住房自有率低、税收高、住房补贴高的国家转变成鼓励拥有住房所有权、减少税收、降低住房补贴且建造更多房屋的国家。”(Cameron and Osborne,2015)

因此,新自由主义在主流政党中达成的这个两党共识的一个显著特征就是,追求更高的住房自有率,并将此作为经济良好和社会稳定的证明。像这样,为了达到扩大住房自有率的目标而达成两党共识的现象,特别值得我们关注。尽管从传统上讲,“住房所有制的民主”理念总是跟保守的文化连在一起,特别是在英国,但是,这个理念的历史却充满悖论。1946 年,“住房所有制的民主”理念被前首相安东尼·艾登(Anthony Eden)提出并推而广之,20 世纪 80 年代,玛格丽特·撒切尔重提这个概念,并把它转化成了住房战略(Ronald,2008)。随着时间的推移,这种理念不仅受到了倡导自由市场理念和社会保守主义的人的支持,而且也获得了社会上不同类型的自由主义者的拥护:从 20 世纪初的费边社会主义者到哲学家约翰·罗尔斯(John Rawls)及其在近代的追随者,他们认为,这是推进平等分配这个目标的典范,也避免了国家干涉的专制性特征。另一方面,即使连路德维希·冯·米塞斯研究所(该研究所是建立在美国、致力于传播奥地利新古典经济学派以及与此相关的市场自由主义和国家最小化之社会哲学的智库)这样的超新自由主义组织,都不认为产权自有理念是政府给个人的自由选择和市场力量施加的无所不在的权力的表征(French,2010)。这一立场并不奇怪,因为从严格的资本主义观点来看,我们并不确定提高住房自有率是否会对经济增长产生积极影响,也因为事实上,拥有住房产权反倒会抑制劳动力在居住方面的灵活性,与流动性越来越大的社会和以技术为基础的、创新性的经济体中的“工作跟着住处走”理念恰恰是背道而驰的(Florida,2012)。

然而，尽管新自由主义时代存在着明显的矛盾，但在2007年房地产泡沫破裂和2008年金融崩溃之前，产权自有的理念在西方国家的主流政党和公众舆论中，仍然是一个基本上没有人提出异议的主导思想。保守党领导人首当其冲，把他们的领导使命与追求“产权自有的国家”联系在一起（Saunders，1990），特别是在选举的非常时期：从布什的“产权自有的社会”理念到法国总统萨科齐将法国变成“产权国家”的愿望。尽管建设产权自有的社会的目标是保守党的一个显著特征，但是，中左翼领导人也热情地采纳了这一目标，比如，克林顿政府就在20世纪90年代中期，提出了“产权自有的国家策略”这个方针。克林顿总统撰写了这份政策文件的介绍，盛赞产权自有的种种优点：

> 对于美国历史上数百万的工薪家庭来说，拥有一处房产象征着美国梦的实现[……]提高住房自有率将会加强我们国家的家庭和社区，增强我们的经济，扩大我们这个国家伟大的中产阶级。重新思考美国工薪家庭的住房梦，可以让我们的国家做好准备，迎接21世纪的无限可能性。（Clinton，1995）

这个政策文件写到，我们要采纳“金融战略，利用好个人和公共部门的创造力和资源”，以便“使更多家庭拥有自己的产权住房，特别是中低收入者和少数族裔家庭”（US Department of Housing and Urban Development，1995：39）。在次贷和二级贷款风行天下的背景下，这些提议的策略（“减少交易成本”“减少首付和抵押成本”“提高融资可用性”）被证明是不靠谱的（Squires，2004），因为次贷和二级贷款都是提供给低收入买家的，许多评论家称之为“掠夺性贷款”，它们会影响到那些穷人的生活。在这种背景下，美国各个城市政府依然一厢情愿地坚持，要重新认识产权自有的好处，认为这是伴随新自由主义时代的特征，住房自有率的增加也被市长和主流的政策制定者视为经济健康发展、城市竞争力提高的标志(Basolo，2007)。

另一位大肆鼓吹房产自有理念的中左翼政治领导人是托尼·布莱尔，1997 年至 2007 年间，他在担任英国首相时提出了“第三条道路”的倡议。根据《金融时报》(*Financial Times*)的说法，布莱尔强调产权自有的价值，是源于他“在住房理念方面，不希望被保守党碾压”的愿望(Blitz，2005)。布莱尔的态度清楚地展示了保守党在英国和其他地方已经赢得一席之位的文化霸权主义思想，那就是社会是公共政策要控制的目标。然而，在同一篇《金融时报》的文章中，作者也写道，布莱尔在强调产权自有理念的同时，也必须与工党政府其他主要成员斡旋，因为他们优先考虑支持那些由公共资金筹建的、大规模的房屋建设计划。布莱尔所属的工党内部的政治分歧，以及他对自己提出的近乎保守党政策的苍白复制品的担心，都没有阻止他去公开赞扬产权自有社会的优点：

> 我们相信，我们可以将住房自有率提高到 80%。当然，还有成千上万的人应该能够拥有自己的房屋。(Blair，2005；引自 Blitz，2005)

确实，克林顿和布莱尔的话与乔治·W.布什和尼古拉·萨科齐在几年后宣布的那些政策没有什么不同。2004 年 9 月，布什在接受他第二次作为总统候选人提名的演讲中说道：

> 另一个需要在新任期优先考虑的事项就是，建立一个产

权自有的社会，因为产权自有能给人带来安全、尊严和独立。感谢我们的政策，美国目前的住房自有率处于历史最高水平。(Bush，2004)

无独有偶，2006年，法国总统萨科齐宣布：

在住房政策方面，我的首要任务就是将法国变成一个产权自有的社会，因为持有不动产有利于共和国、民主和国家的稳定。(Sarkozy，2006；转引自 Philippe，2006)

在过去三十年的时间里，新自由主义的出现重新唤起了资本主义国家内部一个早就存在的观点，认为拥有住房就是实现了拥有产业的民主理想的物质表现。在20世纪60年代和70年代的"国家财政危机"之后，随着公共住房供应的急剧减少，以及许多西方国家对租住管理的终止或者放松(O'Connor，1973)，人们越来越多地依靠银行贷款进行购买，以获得住房，因而家庭债务也不断增加。因此，抵押贷款市场的扩张以及随之而来的住房金融化，已经成为优越的新自由资本主义发展的典型特征，也为21世纪第一个十年后期发生的危机埋下了祸端。金融危机的出现，以及众所周知的事实——次贷领域的按揭贷款违约是主要诱因，使得观察家们忍不住质疑，通过贷款，让中低收入者负债，来提高住房自有率是否可行？美国国会的《金融危机调查报告》('The Finanical Crisis Inquiry Report')明确指出，金融危机是"激进的产权自有目标"的恶果(National Commission，2011)，而在2010年9月，即使是政治上比较温和的《时代》(*Time*)杂志也将相关主题刊登在了封面上："重新思考产权自有。为什么拥有住房可能不再具有经济

意义。”(Kiviat,2010)

正如经济增长的迫切感根植于美国的城市政治，拥有自住房屋的理想也在美国的资本主义文化和个人自由思想中根深蒂固。20 世纪 30 年代，新成立的联邦住房管理局提出了由政府补贴的购房政策，这项政策受到富兰克林·德拉诺·罗斯福总统的大力支持，也成了新政的重要组成部分，现在我们一般把它看作凯恩斯主义的典型范例。被克林顿和布什重新提及的“美国梦”就是建立在这一传统之上，只是在遭逢新自由主义时代的金融市场后，美梦变成了一场噩梦。然而，尽管新自由主义时代的金融化进程导致了房地产泡沫的破灭，并对经济产生了破坏性影响，但是早在新自由主义时代之前，在所谓的“城市新自由主义的史前”时期，房屋私有制社会所固有的矛盾就已经很明显了(Aalbers，即将出版)。联邦住房管理局成立于 1934 年，旨在拓宽渠道，实现美国社会各个阶层的产权自有梦。但是，在实现这一目标的过程中，住房市场也一直存在着社会歧视和居住隔离的问题。1977 年获批、随后又在 20 世纪 90 年代进行改革的《社区再投资法》(Community Reinvestment Act)，就是为了解决住房信贷市场中的歧视和种族偏见问题。住房歧视一直影响着非裔和西班牙裔人群，因为银行拒绝给他们提供抵押贷款，特别是在所谓的“标红”的、不具备资格的居民区(Sugrue，1996)。尽管官方一再保证，但是这种现象从未消失过(Aalbers，2011)，甚至在 2008 年金融危机之后变本加厉，最近发生在布法罗、纽瓦克和圣路易斯市的、针对标红区的诉讼案就说明了这一点(Swarns，2015)。20 世纪 90 年代以来采取的次级抵押贷款计划，使政府资助的这种隔离制度固定了下来，因为这种住房贷款主要集中在拥有大量低收入少数族裔的城市社区。2008 年前后，由次贷危机引发的金融危机导致了房地产泡沫的破灭，房地产泡沫的破灭具有破坏性的影响，特别是在大城市和大都市地区，因为在这些地区，建成环境的金融化程度和家庭负债率都远远高于其他地方(Gotham，2009)。

总之，当代城市不仅浓缩了住房市场的社会歧视现象，也上演了破产者房屋被没收的悲剧，展示了在所谓的资本次级循环占据中心地位的背景下，新自由主义对产权自有的资本主义文化的操纵所产生的矛盾和邪恶后果。同样，正如下一部分将展示的，社会空间的不平等与社会治理的主导制度密切相关，它们将城市创造力同时转化为竞争和社会空间差异的源泉。

让城市经验更加新自由化

本章前一部分展示了资本主义城市的长期的显著特点，例如经济增长的迫切感、无休止的消费扩张和对房屋产权的膜拜，是如何成为新自由主义时代的关键特征，从而在当代资本主义城市重新获取新的中心地位。本节的重点转到了一个相反的过程：即新自由主义是如何被纳入社会现象的理性形式中，这些理性形式以前部分或完全存在于当代城市的资本主义价值循环之外：城市创造性就是这方面一个极具指导性的例子。

综合景观时代的创新城市

乔纳森·克拉里(Jonathan Crary)最近出版了《24/7：晚期资本主义与睡眠的终结》(24/7：*Late Capitalism and the Ends of Sleep*，2013)，其中，他提到了居伊·德波(Guy Debord)的《对景观社会的评论》('Comments on the Society of Spectacle')，在这篇文章中，居伊·德波这位情境主义理论家(Situationist theorist)重读了自己二十年前出版的经典著作，并指出，当代社会正在从他曾经在书中以法国为例分析过的、20世纪60年代盛行的景观社会的两种方式——集中(在极权主义政权中比较典型)和分散(在美国的生活方式中比较典型)，转变到当前的“综合景观社会”，在这种社会中，“景观本身不断扩散，以至于它现在已经渗透到了所有的现实生活中”(Debord，1990：9)。新自由主义城市——包括它们的政治经济精英和相关的政府机构——已经将创造性融入到了当代资本主义城市的价值体系中，本节将以新自由主义城市的方式，为“综合景观社会”提供一些证据。

从历史上看，创造性和资本主义的关系一直比较矛盾，时而合作(从传统的技术创新进程到今天的后福特主义知识密集型产业)，时而自治，甚至是对抗(作为越界的创造性)。新自由主义城市政权试图采取强有力的制度，例如，通过规范自主创新空间、提请人们尊重社会文化多样性等等，来说服不同的主体，消除这种矛盾(Coppola and Vanolo，2015)。

在先进的自由社会背景下，创新性与资本主义文化循环相融合的进程在过去的二十年中尤为突出。2002年，理查德·佛罗里达出版了《创意阶层的崛起》(*The Rise of the Creative Class*)，这本畅销书的面世大大促进了创新性与资本主义文化循环的融合进程。佛罗里达是经济地理学家，也是一名城市规划者，他的主要阵地是位于美国“锈带”(Rust Belt，尤指美国北部衰败或萧条的工业区)中部的去工业化城市匹兹堡(Florida，2002)。在这本书中，佛罗里达不仅对社会文化做了新的解释，而且有力地叙述了一个已经获得经济发展专家认可的事实，即技术和人力资源是驱动地区经济增长的关键性因素。简而言之，佛罗里达认为，创意阶层成员，特别是在工作中充分利用创新性知识的工人和专业人士，包括建筑师、工程师、信息社会的软件开发人员、设计师以及其他新兴职业的从业者，他们往往更喜欢城市环境，因为城市环境对社会文化的多样性更加包容，这种多样性可能包括族裔、性别方面的少数群体和艺术社群。此外，根据佛罗里达的说法，创意阶层的成员大都接受基于精英化和个性化的价值观和态度，并且，他们也愿意融入到合作性的工作环境中去。

自出版以来，理查德·佛罗里达的书就一直受到当地政治家和经济精英的热烈吹捧，最开始是在美国，因为书中的经验和实例都来自美国，随后在世界各地迅速增加的“推崇”创意城市的人群中广为流传。作为一种管理技术，新自由主义促进了城市发展模式的跨国流动，使创新性成为政策制定者和行政人员大力推动的全球性叙事，以促成人们对新提出的或已经存在的全球城市复兴计划达成共识。尽管理查德·佛罗里达在书中很重视那些旨在振兴和保留城市历史背景以及加强其社会文化独特性的举措，但是，社会运动和批评观察家们却哀叹城市地区丢失了自己的社会文化特性，因为吸引创意阶层的也正是这些城市的独特性。近些年来，由于那些在硅谷工作、在旧金山居住的创新性职业人群的影响，旧金山的房价不断飙升，2013年，旧金山的常住居民走上街头，抗议由于那些富庶的硅谷人士的存在而导致的生活成本的大幅度增长(Steinmetz，2014)。另一方面，所谓的“技术人员”和其他初来乍到的新人又构成了支持市场的积极分子，例如自称为“旧金山湾区租房者联合会”的组织，他们要求地方政府恢复原来的分区管理和环境制度，来增加住房供应(Dougherty，2016)，类似的活动还有房屋共享巨头——爱彼迎推动的捍卫“分享住房权利”的政治运动(Steinmetz，2016a)。这些新组建的团体不同于传统的、有些左倾的租户组织，但是，它们却得到了房地产开发商和主流经济学家的支持。后者认为，为了解决科技推动的城市经济体内房价飙升的问题，城市政府应该借助于以市场为导向的“精明增长策略”，比如增加新的住房单元的数量，从而控制房地产的价格，而不是按照传统的、渐进的做法，比如，基于公共投资和住房补贴的住房政策，或者实施控制租金的条例(Moretti，2012)。

在其他地区，比如在美国，与经济衰退后科技繁荣相关的社会空间不平等和紧张局势，引发了公众对潮客(hipster)等相关文化现象的愤怒。在欧洲城市，这种现象也特别明显，近来时常爆发针对潮客的社会愤怒。在柏林，一个名为“Hipster Antifa Neukölln”的团体引起了媒体的关注，这一团体主要是反抗新克尔恩地区因为游客和潮客而引起的租金飙升(Stallwood，2012)。不过，跟柏林的帕恩泽劳尔贝格和克苏布这些快速伸士化的地区相比，新克尔恩地区受到的伸士化进程影响温和多了，帕恩泽劳尔贝格和克苏布都曾经是替代性文化和政治运动的重镇。在伦敦，反对伸士化的激进分子曾经暴力袭击肖尔迪奇的一个谷物咖啡馆(Khomami and Halliday，2015)，肖尔迪奇位于伦敦东区，曾经是工人阶级的地盘，在20世纪90年代，它成了创新城市复兴的典范，现在更是蓬勃发展的高科技经济开发区(Nathan and Vandore，2014)。但是在其他地区，例如，快速发展的中国南方城市深圳，潮客、艺术家和科技人员是城市居民社区的一部分，这些人中大部分是从农村来的，住在临时搭建的工棚里，随时面临搬家的命运，因为要为新建的摩天大楼腾地(Feng，2016)。

然而，在西方城市，这种现象无疑是与伸士化进程和地方认同的消除连在一起的，特别是在具有历史价值的街区。在最近的一项研究中，理查德·佛罗里达和其他研究人员已经认识到，在经济上充满活力的城市，如芝加哥、华盛顿、波士顿和纽约，创意阶层对中心城区的殖民化进程迫使服务行业和工薪阶层搬迁到中心城区以外、他们最不想去的地方，从而产生新形式下的社会空间隔离（Florida *et al*，2014）。然而，在这项研究以及他在《创意阶层的崛起》修订版（2012）中新增加的一个名为"矛盾"的章节中，佛罗里达并没有为这个问题提供详细的政策解决方案，尽管他也写了："必须为所有居民提供真正的机会，只有这样，才能更公平地分享创意城市的奖励和承诺。"（2012：370）在结论中，他呼吁创立一个"创意协定"，来代替战后第二个十年的凯恩斯主义社会契约，旨在解决当代资本主义转型带来的新的社会空间不平等和经济增长的需求：

> 这个创意协定将致力于每一个人的创新。它将把参与创意经济的人群扩大到工业和服务业的工作者，使新的用于人类基础设施、创新、教育和我们城市的个人和公共投资惠及每一个人，与此同时，我们要重申和维护美国长期以来对多样性的承诺。它将重组教育，摆脱机械学习、过度官僚主义的学校和那些遏制创造性的标准。它将建立一个新的社会安全网络，投资人类，并为换工作的人提供流动的福利。它将重塑城市政策作为经济政策基石的角色，确保美国仍然为世界上最优秀、最聪明、最有活力、最雄心勃勃的人指引道路。（Florida，2012：385）

根据佛罗里达的说法，"创意协定"应该集中在三个领域：（1）教育和人力资本；（2）专业培训；（3）城市政策。至于末者，在那本书的那一章中，他并没有详细说明他所设想的"城市政策"是哪一种。要了解城市政策的细节，我们必须看那本书的第四部分

(《社区》)的最后一章，题目是"构建创意社区"。在提到美国和其他发达经济体的"城市技术"在不断崛起之前，本章阐明了以下观点：美国的旧金山和西雅图，以及欧洲的伦敦和柏林等城市，正在创建基于初创企业的创新技术区，从而成为生产和创新的新中心，这挑战了传统的、以硅谷为代表的科技产业城郊化模式。因此，正如本书前文所述(第一章和第二章)，城市在资本主义地区内获得了新的中心地位。然而，只有到本章的最后一部分，读者才可以看出佛罗里达所倡导的那种城市政策。他没有提出详细的政策框架，他的想法都是基于他从奥斯汀、都柏林、拉斯维加斯和匹兹堡这四个城市的经济发展案例中获得的证据。

在简单介绍他的个案研究分析时，佛罗里达提出了以下观点，为了建立一个创意社区，我们需要避免"自上而下"的策略，要优先"认识到，并且加强自下而上、以社区为基础的、已经在发挥作用的精明策略"(同上:349)。因此，他以一种令人回味的方式，把源于当代城市科技文化的"精明策略"概念与"自下而上"和"以社区为基础"的理念结合了起来，"自下而上"与"以社区为基础"这两个理念让人们想起了20世纪60年代和70年代计划中的请愿和参与的进步传统(Sites,2010)。渐进式的城市主义的初衷是，通过满足贫困社区、低收入居民和弱势少数族裔的需求，来增强城市社区的活力。然而，在佛罗里达从他四个案例研究所得出的证据中，看不出任何渐进式的计划迹象。相反，他有一项"薄政策(thin policy)"的提议(Peck,2001)，这一提议是基于一系列关于财政激励、小政府和社团主义等反映传统新自由主义理论的建议，再加上一些旨在提高城市环境在文化和生活方式方面的吸引力的措施(在他书中前面一个章节，他把这些具体描述为"海量的、高质量的设施和体验，各种社群和大众都可以使用"(Florida,2012:186)。在过去几十年的时间里，奥斯汀这个城市已经成为公认的高科技经济中心，在谈到奥斯汀的时候，佛罗里达强调了两个方面：首先是，“城市领导层对领先的高科技地区进行了带有标杆作用的访问”这一事实；其次是，“该地区在生活方式和音乐领域进行了大量投资”（同上：340）。此外，佛罗里达指出，原本工业衰退、居民纷纷出走的都柏林，一跃成为IBM和微软等ITC行业领先的美国跨国公司的所在地，证明了基于减少计税基数的扩张性财政政策的重要性，以及重新打造城市环境的必要性，他提请人们关注“有助于吸引高科技巨头的金融和税收方面的激励措施”、对音乐家和作家这样的“文化创意人士”提供的“税收减免”政策，以及“高质量的生活和工作场所”（同上：341—342）。第三个关于拉斯维加斯的案例研究也很具启发性，佛罗里达将这个城市称为“企业式的新城市主义（corporate neo-urbanism）”典范（同上：345），Zappos（西班牙语，鞋子）是一家成功的在线销售鞋子的公司（现已被亚马逊收购），公司的首席执行官托尼·谢家华（Tony Hsieh）十分有远见，他于2004年1月决定将其公司总部从旧金山搬至拉斯维加斯城内，重振了“处于挣扎状态的市中心的核心地带”。在这种背景下，公司首席执行官在雄心勃勃的“市中心项目”中起了带头作用，该项目旨在使“人与人之间产生‘碰撞’，疏通关系，激发创意”（同上：344）。佛罗里达在总结他对拉斯维加斯的研究时，说它是一个“新模式”，“一个有趣而且重要的实验，可以为其他很多处于困境的市中心地带的振兴指一条路”（同上：345）。最后，是匹兹堡的案例（题为“还是基础案例[still the base case]”，因为这里是他的家乡，也是他写下本书第一版的地方），在过去十年中，匹兹堡取得了很多进步，已经走上了一个相对成功的城市转型道路，核心就是刺激高科技经济发展，在复兴城市文化景观的同时，也要保护其具有历史意义的中心城区。然而，正如佛罗里达所直言的，与战后的福特主义时代相比，匹兹堡的人口仍然在减少，而且主要是白人。因此，作为一个种族（和社会）都比较单一的城市，匹兹堡不能为佛罗里达在书中这一部分的标题里提到的“对比”提供证据。正如该城市的维基百科页面所强调的，根据当地一位开发商代表的说法，匹兹堡的传统形象更像是一个“勉力进行工业转型的典型代表”。

被理查德·佛罗里达理论化了的“创意协定”，得到了世界各地一些市政府的欢迎，这是由于它能够将这些多元化的城市社区和相关的利益共同体聚集到一起，这些利益共同体包括艺术家、专业人士和高科技公司（不管是创业阶段的，还是已经站稳脚跟的）；与此同时，“创意协定”也为关注经济增长重任、对表现为社会空间不平等的冲突比较敏感的学者提供了一套政治经济术语。然而，如上所述，佛罗里达并没有说明，我们应该怎么做，才能真正解决这些不平等和矛盾，或者至少减少它们的社会影响，相反，他却在传统新自由主义经济政策及其寥寥几个成功案例的基础上，提出了一套政策理念。佛罗里达的创意阶层理论在全球范围内取得了成功，之后又演变成智慧城市和初创城市主义理论，佐证了居伊·德波所界定的综合景观时代。这个综合景观时代仅部分基于活动、节日、展览和其他可见的景观化的城市生活方式。综合景观社会的这些表现很重要，但是，它们告诉我们的只是故事的一部分。当代资本主义城市的整个故事告诉我们，任何产生知识、影响和发明经济的生活方式都可以潜在地归入城市复兴这些霸权工程中，挂上创新乃至最新的智慧城市主义的头衔。

总结

本章探讨了新自由主义和城市现象之间两个面向的问题。尤其是，在当前的全球化时代，城市和新自由主义之间的相互强化似乎是连续的，显示出它们与全球资本主义之间无所不在的关系。这意味着，新自由主义已经将社会生活的长期特征比如不断扩张的消费和住房商品化，融入了资本主义城市。在所谓的资本主义黄金时代，凯恩斯主义的经济调控模式暂缓了商业化进程，新自由主义也随之复兴。与此同时，新自由主义不仅借鉴了资本主义城市化的先前特征，而且还扩大了当代城市的经济基础，融合了之前部分或完全存在于资本主义价值循环之外的社会现象，比如创造力。

这种相互强化的双向关系解释了批判性城市研究对理解当代新自由主义所做的主要贡献。随着城市化进程的地理扩展和相关的新自由主义动态在全球化世界中的不断蔓延，持续的全球城市化进程不仅会强化城市和新自由主义之间的密切关系，还会揭示影响这种关系形成的其他方面。此外，这种相互关系并不局限于已经描述过的城市和新自由主义之间的关系。正如最近的全球经济危机所展示的那样，城市是危机和紧缩的源头，也是当代资本主义有望复兴的源泉；这种危机显然是植根于城市，是由于住房市场前所未有的金融化，这种金融化尤其对生活在大城市和大都市的负债家庭产生了影响。一方面，在危机期间，城市已成为遵照国际财团和国家政府对市政当局和地区行政当局下发的财政整顿目标，实施紧缩政策的重地。另一方面，城市又是资本主义经济复兴的桥头堡，因为城市环境集中了当代社会的“共同财富”。第五章将会展示，城市在宏观经济方面的这种双重作用是如何在动荡不居的当代城市社会生活方式中反映出来的。

第四章　扩张

本书前面几章展示了我们这个时代的主要现象，如全球化和新自由主义，是如何与城市（或者说都市社会）、经济和政治实体紧密相连的。至于全球化，本书第二章考察了城市学者是如何通过地域、网络和关系视角，来界定城市在全球化进程中所扮演的角色。关于新自由主义，本书第三章着重论述了城市和新自由主义之间共生共荣（cross-fertilization）的关系，因为二者都从对方身上找到了自己需要的东西，从而形成了我们称之为“城市新自由主义”和“新自由主义的城市主义”的联合体，而这种状况在2008年金融危机之后，也引发了严重后果。

本章试图从城市的角度，去诠释当代资本主义的全球地理版图，我们认为全球化和新自由主义进程的决定性特色，特别是在其起始阶段（20世纪80年代末90年代初），是“单向度城市”受西方主流文化特别是美国生活方式的影响，以大众消费的形式生产和扩张的结果。就像托斯腾·哈格斯特朗（Torsten

Hägerstrand)在其创新理论中提到的，扩张这个概念是首先假定有一个中心存在，一种社会形态在此产生，然后发展、扩张到另一个地方，直到在那个地方达到饱和(Hägerstrand, 1967)。本章将讨论源于西方尤其是美国的"单向度城市"的扩张，是如何成为全球城市化的一个决定性特征，又是如何为新自由主义这种社会治理和城市管理逻辑在全球的实验奠定基础：一种"文明化进程"，可以理解为在全球化的资本主义城市化进程这个语境下，人类，或者说是人类行为和社会治理形式，经历的一种"普遍的经济垄断冲动"(Elias, 2000: 306)。

但是，由于借鉴了城市研究中的后殖民主义的深刻见解，本章也会超越向心式的同质化，强调方法因地而异的必要性，以便更好地理解扩张过程中地理和历史的表述，提请大家关注社会语境的特殊性和资本主义全球化的当下性。

单向度城市

早在20世纪60年代，赫伯特·马尔库塞(Herbert Marcuse)就曾经提出过一个著名的论断，即发达资本主义社会通过科技和大众消费，把其单向度的生活和思考方式强加给别人，通过商品消费给居民一种自由和精神满足的幻象，为资本主义矛盾及其内部固有的革命潜能盖上了一层面纱(Marcuse,1991)。书的开篇第一句很快成了20世纪批评理论的经典名言："一种舒适、平稳、理性和民主的无自由现象，风靡于先进的工业文明，成为技术进步的标志。"(同上：3)四十年前，格奥尔格·卢卡奇结合韦伯的理性化理论(thcory of rationalization)和马克思的商品拜物教，提出了物化理论，这被看作是一个涉入社会领域极权的过程(Lukács,1999；见

第三章)。卢卡奇的思想是西奥多·阿多诺交换价值理论的灵感源泉,他将交换价值看作是发达资本主义经济的组织原则:人类经验被强制普遍化,抹去了任何不同的可能性(Adorno,2004;见第三章)。相关迹象表明,阿多诺与法兰克福学派的另一个重要人物马克斯·霍克海默(Max Horkheimer)一起,提出了著名的"文化产业"这一概念,指出艺术作品不可避免地受制于晚期资本主义社会中的市场经济规律(Adorno and Horkheimer,2002)。

20世纪90年代初期,研究早期社会生活全球化的社会科学家,特别是那些关注后工业社会的消费文化扩张的,重新评估了法兰克福学派以及与之相关的学者,如卢卡奇,这些提倡后现代转向的反马克思主义者把他们的著作侮辱为精英主义甚至是极权主义,比如20世纪70年代后期出现在法国的所谓"新哲学家"(如安德烈·格鲁克斯曼[André Glucksmann]和伯纳德-亨利·莱维[Bernard-Henri Lévy])与20世纪80年代早期在意大利出现的"弱势思维(weak thought)"诠释学倡导者(带头人是基詹尼·瓦蒂莫[Gianni Vattimo],他后来重新阐释了马克思主义:Vattimo and Zabala,2011)。那些研究20世纪90年代全球化的社会学家和理论批评家,不仅仅关注法兰克福学派放在中心地位的无所不在的消费和商品化现象,而且对那些思想家所关注的极权化社会秩序也感兴趣,他们现在把这些与后现代性和全球化时代的霸权叙述关联起来了(Featherstone,1991)。从这个角度看,弗雷德里克·詹姆逊(Frederic Jameson)做出了决定性的理论贡献,他将后现代主义诠释成"晚期资本主义"的一个具体阶段,"晚期资本主义"这个术语是他从阿多诺和马克思主义经济学家欧内斯特·曼德尔(Ernest Mandel)那借来的,其特征就是"文化主导(cultural dominant)"(Jameson,1991)。受马尔库塞论文的启发,莱斯利·

斯克莱尔(Leslie Sklair)从一个更加社会学的角度,揭示了“消费主义的文化意识形态”“从富人的阶层喜好到全球化现象”的转变,这一转变的发生自然离不开全球大众传媒的支持,另外,遍地开花的商场也功不可没,商场成了人们习惯性的消费场所,即使在世界上最偏僻的角落也不例外(Sklair,1991)。

正是在这样的背景下出现了麦当劳化、迪士尼化和古根汉姆化等现象,它们是20世纪90年代全球化早期阶段的标志。大家都以为,这股力量将会导致日益城市化的世界各地的社会同质化进程。正如本书第二章所指出的,日渐崛起的新兴资本主义经济中的全球城市化导致了大众消费的扩张,而大众消费的扩张又有力地强化了这种观念。因此,同质化过程一般被看作是广泛的、世界范围内的、以市场为导向的经济改革和生活方式标准化的结果,经济改革一般都跟“全球性的转向”有关(Dicken,2011),而生活方式特别是在消费领域的标准化,则是资本主义城市化在地理上扩张的原因。本章分析殖民势力在地理上的扩张,下面一章将会展示新自由主义治理逻辑是如何超越这一扩张的,它的终极目标是社会和个人的企业化,这也是个人与当代资本主义模式进行和解的一种方式,而资本主义这种模式则是以知识在社会上传播以获得经济价值化为基础的。

自20世纪80年代末期,冷战结束以来,同质化效应一般都与不间断的经济和社会的全球化联系在一起。长期以来,人们一般认为,全球化导致了当代世界在生产方式、消费模式以及社会生活方面的统一。这种“常识”自然能找到很多强有力的证据,在很多方面也都难以反驳。换句话说,这是一个不言而喻的“事实”,因为当代全球化的决定性特征便是,我们消费的有形和无形商品在全球范围内越来越统一。这种过程因为商品和信息的流动得到了加强，而有形和无形的技术，比如集装箱和互联网，又是促成商品和信息流动的媒介（Levinson，2006）。当舆论制造者和大众媒体评论 20 世纪晚期经济衰退的影响时，一般人都会联想到全球化放慢和市场关联程度的降低，而这两项都是以货物和服务的流动来考量的（*The Economist*，2009；Gross，2009）。

全球化就是同质化的概念在这种现象出现的早期比较流行，那时候，它被看作是以极权的形式打造人类经验的一股力量，现在这种观点在大众中还是主导性的观点。很多不同的现象都让人们联想到了同质化力量，但其中影响最大的还是麦当劳化、迪士尼化和古根汉姆化。在所有这些现象中，城市环境起到了关键性的作用，它不仅承载了这些已经确定的社会现象，同时也是建构全球化的社会关系的重要场所。倘若没有城市和其外围空间，全球化绝无存在的可能，更别提发展潜力了，因为专业化和多样化并存的经济形式，为城市环境酝酿了一种多重效应（见第二章）。与此同时，强调因地而异的制度安排和社会历史语境的特殊性，有助于我们更加深入地理解文化同质化的过程及其局限性。

麦当劳化与资本主义全球化之崛起

20 世纪 90 年代，随着苏联的解体和以资本主义、社会主义两大阵营的对立为中心的冷战时代的结束，大众开始察觉全球化的到来。在这个阶段，大家普遍认为，财富积累和商品消费的资本主义逻辑将要在全世界（至少是城市化的世界）流行开来，使得非资本主义的社会组织就像残留物，或者在统计学意义上无关紧要。社会主义经济似乎仅限于一些仍然存在的飞地，如中国、古巴、老挝、越南和朝鲜。其中中国和越南是最重要的，从人口和经济实力来说，不过，它们也开始进行以市场为导向的经济体制改革，这一点将会在这里做进一步的讨论。在这种历史语境下，即将到来的全球消费时代的景象将吸引公众的注意力。1990 年在莫斯科，1992 年在北京，排队等待进入新开的麦当劳餐厅的大批人群，就是全球消费时代最有力的证明。

莫斯科的麦当劳餐厅开在普希金广场的中心地带，记录开业典礼的一些短片现在在视频共享网站上仍然可以看到，展示了顾客在冬日的寒冷中，耐心地排着长队，在餐厅外面等候。本次开业也是苏联总统戈尔巴乔夫为了保障更大限度的自由而采取的开放对外关系和多种市场经济（所谓的改革）的战略的一部分。在某种程度上，接受麦当劳也是苏联政权试图满足人民对资本主义渴望的表现，尽管人们对改革有所期待，但是，前几年的改革结果依然令人绝望。这一努力终究还是徒劳，因为仅仅一年后，也就是 1991 年，苏联就彻底解体了。实际上，戈尔巴乔夫在任期间，共产党内的精英们就已经对时髦文化采取了一种比较开放的态度，只是在现实生活中，普通人的生活并没有多大的改变，他们只能在二手商店和非正规渠道找到少量的西式服装（Bartlett，2010）。因此，麦当劳的到来仍是一个例外，部分原因是美国公司的决心，为了能在普希金广场开餐厅，他们和苏联当局谈判了十四年，而且，为了避免冷战中苏联对美国的偏见，官方谈判一直是由麦当劳的加拿大分部来进行的。在接下来的几年中，麦当劳在俄罗斯的业务不断扩大，甚至连一些小城镇也出现了分店，而且，麦当劳在本土化的过程中，也融入了一些俄罗斯的食物和更加广泛的消费文化（Caldwell，2004），即便如此，麦当劳近几年还是没那么受欢迎了，因为俄罗斯内部出现了新一轮的反美浪潮。2014 年，在卫生检查之后，位于普希金广场的旗舰店因涉嫌违反所谓的卫生规定而被迫关闭，随后的重新开业也遭到了民族主义团体的批评(Amos，2014)。

在俄罗斯，麦当劳在西方消费文化的传播中起到了先锋作用，而在中国，它却被另一家美国快餐巨头——肯德基抢占了先机。1987年11月，肯德基在北京天安门广场附近的一条街上开了第一家分店，吸引了一大批顾客。肯德基在北京的开业需要放在当时的语境下理解，中国自20世纪70年代末开始实行邓小平倡导的经济领域的改革开放政策，该政策的主要目的是为了吸引国外贸易和投资，但是，这一政策并没有伴随政治改革，也因此为中国经济发展道路奠定了基础，也就是人们常说的"社会主义市场经济"(Peck and Zhang，2013)。从宏观经济层面看，改革开放政策的主要举措就是，在沿海城市建立经济特区，外国投资者可以享受关税和税收方面的优惠待遇。改革开放政策对城市生活方式的影响极大，直接导致了20世纪80年代末出现的中国消费革命早期阶段(见第二章)，而这在俄罗斯却从未出现过。谢淑丽(Susan Shirk)在其关于中国经济改革一书的序言中，对当时的苏联和中国的城市环境进行了精彩的对比描述：

> 1991年秋，我访问了中国和苏联。两个国家的城市经济状况构成了鲜明的对比。在中国的城市街道上，熙熙攘攘，到处都是叫卖声。不管是个人的，还是集体的，悬挂着中国制造的最新香港潮流服饰的店铺里都挤满了顾客。情侣们商量着，是否要动用他们的积蓄购置微波炉或者录音机。宠爱孩子的父母们给孩子们购买了日本进口的电子琴。市场柜台上面放满了各种蔬菜、水果、鲜肉和海鲜……而苏联的城市状况比较萧条。跟中国比起来，私营店铺或是集体性质的商店的

> 数量少之又少，可供购买的商品也寥寥无几。人们花好几个小时排队，最后轮到他们进商店了，却发现根本没什么好买。国营商店的货架更是空空如也。连基本食物都供应不足，莫斯科的物资尤其匮乏。糖与奶酪根本找不到，鸡蛋更是奇缺，即便在私营市场也是如此。(Shirk，1993：3)

谢淑丽的叙述有力地证明了城市所在的社会语境的重要性，宏观经济政策和管理结构也是如此。在中国城市，快餐业并不是唯一的源于西化的消费革命，国际潮流和服装店也是在 20 世纪 80 年代末出现在北京和上海的(Croll，2006)。然而，快餐行业在本次消费革命中起到了一个非常关键的作用，尤其是 20 世纪 90 年代初，麦当劳的到来与扩张给中国消费者饮食习惯带来了巨大的改变，因为汉堡原来在中国闻所未闻，而肯德基卖的炸鸡饭则与中国的传统食物相类似。到 1996 年，短短四年间，单单在北京，麦当劳就开了 29 家分店。它为客户提供的不仅仅是汉堡和薯条，还有舒适的用餐环境，以及专为孩子和浪漫情侣提供的就餐区(Yan，2006)。不过，同俄罗斯一样，近几年，西方快餐连锁店在中国的销量也在不断下降：肯德基遭遇了鸡肉过量使用抗生素的丑闻；麦当劳则受到中国消费模式变化的影响，这些都反映了一种全球化趋势，那就是，以牺牲传统的快餐业为代价，声称更健康、种类更丰富的“休闲式快餐”正在快速发展起来。

20 世纪 90 年代，麦当劳及其相似的连锁餐馆在俄罗斯、中国以及正在全球化的世界上几乎任何一个地方的城市西化过程中所扮演的角色，有力地证明了几年前有关学者针对北美这个语境提出的当代社会的麦当劳化这个命题(Ritzer，1983)。按照这种命题的说法，接受“麦当劳模式”在韦伯主义层面上对当代社会有着合理化效果。众所周知,在 20 世纪初期,这位伟大的德国社会学家从资本主义工作伦理对工业化社会之合理化的关键性贡献入手,阐述了新教和资本主义优势地位之间的关系,正是这种工作伦理使社会在运行方面统一起来,并将它们变为可管理的社会实体(Weber,2001)。同样,全球麦当劳化现象也说明了社会正在变得高效、可预见和可控的趋势。1986 年,《经济学人》(*The Economist*)杂志甚至还炮制出了所谓的巨无霸指数,用以比较不同货币的购买力,从而将麦当劳的商品转变成了资本主义经济的一般等价物,用马克思主义的术语来说,就是赋予其“社会认可的等价垄断”(De Brunhoff,1976:23)。在越来越后工业、越来越全球化的社会中,科技进步和厂房外的生产线的扩大,使得服务领域的劳动越来越自动化,而这一自动化过程也为社会的合理化进程提供了技术支持。

随后的发展也证实了麦当劳化的状况,这一状况被看作是资本主义社会消费文化同质化的过程。这有两种不同的情况。一方面,消费者们排队购买想要的商品已经成为当代资本主义社会的一道风景:2014 年 1 月,英国广播公司播放了一小段纪录片,采访正在伦敦摄政街排队购买苹果手机新型号的人(其中有人已经排了整整三天)。现在,类似的场景在全世界资本主义城市中已经屡见不鲜:在意大利,即使在经济衰退期,在大多数商店都在遭受经济衰退的影响时,依然有人排队购买昂贵的最新款豪格鞋(Hogan)。2011 年 8 月,伦敦经历了由强迫性消费转变成社会骚乱的特殊时期,愤怒的年轻人掳掠商店和大型专卖店,特别是手机店,他们大多数是少数族裔,住在生活条件不够完善的郊区。这次骚乱的爆发,是源于一个年轻人被警察枪击身亡,事件发生在伦敦北部的托特纳姆区,这一地区是少数族裔聚居区,是全城失业率最高的地方。另一方面，即便是可持续食物也未逃过商品同质化过程，尤其是在富裕的西方社会。正如上文指出的那样，休闲快餐连锁店的崛起，即使为人们提供了更加健康、富有文化多样性的食物，也仅仅是消费的另外一种形式。即使是大型零售商店，比如超市售卖的可持续食物也是如此，拉吉·帕特尔(Raj Patel)在他的《饱与饥》(*Stuffed and Starved*)一书中写道：

> 尽管工业生产有机食品和非有机食品的环境不同[……]，但是，在超市里，工业生产的有机食品和非有机食品的社会差异却非常小，几乎可以忽略不计。(Patel，2007：246)

在美国，富人区的超市伸士化的另一方面是源于连锁超市故意在最贫困的地区撤资，尤其是非裔美国人和西班牙裔美国人居住的地区，"超市的区别对待"现象导致了所谓的"食品沙漠"，特别是在工业衰退、人口萎缩的"锈带"城市尤为常见(Eisenhauer，2001)。这种现象复制了历史上被美国和其他地方的房地产市场中财团机构所采用的区别对待标红区逻辑。

然而，在富庶地区，可持续食品全球化的消费以及相关的生活方式不仅局限于大规模的零售商店，也会影响到经营慢食和当地食物的小商店：手工意式冰淇淋制造商、有机餐厅和咖啡馆、富有民族特色的杂货店和各种乡村餐馆在当代城市中快速发展，尤其是在创意阶层居住的快速伸士化的街区(见第三章)。这种现象是以原汁原味为出发点，同时重塑城市经济增长和进一步细分社会空间的例子。就像莎伦·佐京指出的那样，过去三十年间，食物已经成为城市文化体验中的新"艺术"(Zukin，2010：29)，城市之"原汁原味"的关键成分："一种工具，与政治经济力量一道来控制街区、公园、社区花园、购物街等真正城市用地的外观和用途的一种工具。”（同上：13）在后续的一篇文章中，莎伦·佐京与同事一起，探索了所谓“不着边际的投资者”在城市伸士化过程中所扮演的角色，分析一个美国流行网站（Yelp 位于旧金山，是网络 2.0 的著名公司之一）上的餐厅评论，这些评论促进了“时尚”餐馆的发展，却给长住居民所青睐的传统餐馆带来了负面影响（Zukin *et al*，2015）。

这种不露痕迹地制造伸士化的现象反映了当代“体验型经济”中生产与消费之间的界限不断模糊的状况。这些经济体深受网络交流和逐步增长的用户生成内容影响：这种现象使得麦当劳化命题的提出者——乔治·里兹（George Ritzer）与南森·杰金逊（Nathan Jurgenson）共同创作了“产销合一型资本主义（prosumer capitalism）”这个概念（Ritzer and Jurgenson，2010）。在先前的文章中，杰金逊就提到了网络 2.0 的出现导致了网络去麦当劳化倾向，至于里兹提到的麦当劳化的显著特征，如通过电子技术可以实现的可计算性、效率、可预见性和可控制性，现在则必须和爆发性的用户生成内容共存（Jurgenson，2010）。

用马克思主义的术语来说，这种现象与更广泛的所谓“产销合一型资本主义”经验反映了后福特主义的认知资本主义时期“现实抽象”的动态改变。就像阿尔伯陀·托斯卡诺（Alberto Toscano）指出的那样，在现代资本主义社会，商品价值的货币通约掩盖了商品交换中固有的“现实抽象”这个秘密；正如斯拉沃热·齐泽克（Slavoj Žižek）说的那样：“在交换行为中，商品被简化为一个抽象的实体，与其特定的属性或者‘使用价值’都没有关系，重要的是，它拥有与其交换的商品‘同等的价值’。”（Žižek，2008：10—11）因此，在后福特主义的知识密集型资本主义时期，“现实抽象”过程涉及各种包含一般智力的生活形式(知识、情感、沟通技巧),它们自己也都成了生产力的一部分(Toscano,2008)。我们的社会已经经历了从麦当劳化时代到现在的后麦当劳化时期,在诠释这一转变时,我们需要记住以下这几点。在麦当劳化的时代,麦当劳被视为商品交换的一般等价物(其表现就是巨无霸指数),而在后麦当劳化阶段,跨国公司不断寻求控制和合理化的形式与在"产销合一"的经济现象中蕴含着的一般智力,二者之间固有的张力就是后麦当劳化阶段的特征之一。

迪士尼化与晚期资本主义的时空延缓期

早在20世纪90年代早期,关于迪士尼化的论题便在学界引起了特别关注,研究城市经验后现代化的学者强调去疆域化和去中心的城市形态,而洛杉矶便成为后现代城市主义(Dearand Flusty,1998)和城市化的最佳范例(Soja,2000)。在这种背景下,迪士尼化被看作是一个更有普遍趋势的综合体,将城市打造成娱乐机器和大众消费中心——室外主题公园,休闲娱乐也成为一大景观,在世界越来越多的地方成为可能。城市学者迈克尔·索金(Michael Sorkin)在一篇名为《迪士尼乐园见》('See you in Disneyland')的重要文章中写到:

> 迪士尼世界是主题公园中的主题公园,美国极乐世界的代表,橄榄球四分卫和棒球投掷手的终极奖励,娱乐消遣的乌托邦。而且,它不仅是美国的:穿过佛罗里达奥兰多市散发着珍珠般光芒的大门,就是全球顶尖的旅游胜地,生意好的时候,能够接待近10万人,一年超过3 000万游客,每年将近10

亿美元的收入。这些令人咋舌的数据还不包括加州阿纳海姆或者东京迪士尼的收入，也不包括马恩河上的欧洲迪士尼乐园。正是由于迪士尼和类似景点的存在，奥兰多已经成为美国的逗留之都，酒店客房的数量甚至比芝加哥、旧金山甚至是纽约还多。(Sorkin,1992:5)

在20世纪90年代的城市主义者和社会科学家眼中，迪士尼似乎是居伊·德波在20世纪60年代提出的景观社会理论的最有力的证明。如本书第三章所述，德波在20世纪80年代后期修正了他的景观社会概念，考虑到当时涌现的后福特主义经济体，他添加了“综合”这个概念，这一点不同于福特主义时代，福特主义时代盛行的是浓缩的、分散的景观。本书第三章接受了德波的界定，尤其是他把综合景观社会和融入到了资本主义生产模式中的城市创意联系在了一起。由于迪士尼乐园是先于后福特主义经济出现的，而且，即便它在后福特主义语境下继续发展，我们也可以这么说，迪士尼化代表的是晚期资本主义的延续，是浓缩的当代社会景观，毫无疑问地源于一种主流文化资源——所谓的“美国式的生活方式”，而不是迈克尔·索金及其他人可能会急于捍卫的后现代主义的典型范式。这种论调不是为了贬抑迪士尼化现象的当下性，最近，迪士尼人物又前所未有地流行开来，比如前段时间对《冰雪奇缘》(*Frozen*)的追捧。我们之所以这样说，是为了强调晚期资本主义时期和新自由主义全球化社会之间的连续性，晚期资本主义是在全球化作为一个漫无边际的现象出现之前，通过殖民的形式，实施文化控制，反映了单一民族国家所追求的帝国主义战略，而新自由主义全球化社会的特征则是，权力和控制没有边界，却又像网一样地联系在一起(Hardt and Negri,2000:166)。与此同时，本章将会展现，迪士尼乐园——尤其是位于佛罗里达奥兰多的迪士尼乐园——预示了（在晚期凯恩斯主义语境下）城市与区域发展的新自由主义化，这一点在以后几十年的世界范围内，都将会变得越来越普遍。

虽然全球治理及帝国研究方面的理论家，如迈克尔·哈特和安东尼奥·奈格里，是从“主权让渡（passages of sovereignty）”的角度来考虑当代资本主义不断变化的管理形式，但我们这里强调的是，在社会空间管理模式和文化控制方面，新形式和旧形式将长期并存，也就是说，西方殖民力量的扩张与先进的城市社会的新自由主义化形态将共同存在。正如本章简介中说的那样，华特·迪士尼就是西方殖民势力扩张的典型例子，鲜明地体现了美国进行文化控制的方式。华特·迪士尼成立于20世纪20年代，是20世纪以来美国资本主义及相关企业文化的象征。随着迪士尼电影及卡通的风行，迪士尼的世界声誉更是与其主题公园紧密地联系在一起。迪士尼度假村是休闲娱乐的地方，除了为员工和游客提供的餐馆、酒店和其他配套设施外，游客们可以在里面找到大量的娱乐设施。迪士尼度假村最先出现在美国，然后扩展到全球其他城市（更准确地说，是扩展到它们周边的郊区）：按照时间顺序说，从洛杉矶、奥兰多、东京、巴黎，到香港和上海。我们需要关注的不仅仅是迪士尼乐园的地理分布情况，还有时间顺序，因为这反映了二战以来，当代资本主义扩张的地理版图变化。本节展示了迪士尼作为战后美国资本主义的象征，它在全球化的“新世界”中的扩张，是如何映照了晚期资本主义的时空延缓期（spatio-temporal moratorium），而非20世纪90年代早期城市理论学家所认为的后现代城市主义的范例。“时空延缓期”这个词语的使用，是借鉴了发展心理学家埃里克·埃里克森（Erik Erikson），他写的是青春期后期的“心理社会合法延缓期(psychosocial moratorium)”,指的是“延长青春期和成年之间的时间间隙”(Erikson,1994:143)。

1955年,第一个华特·迪士尼乐园出现在美国加利福尼亚州安纳罕市橙县,也是洛杉矶的大都会区。紧跟着就是位于佛罗里达州奥兰多市附近的布埃纳文图拉湖的项目,这个项目于1971年完工。迪士尼选择的这些位置都非常重要,因为它们不仅坐落在所谓的“阳光地带”(贯穿美国东南部和西南部的辽阔区域)的核心区,还是继美国“霜冻地带”(位于东北部和中西部地区)老工业区衰退之后资本主义发展的前沿地带。“霜冻地带”在福特主义时期,以重工业为特色,现在则被广泛称为“锈带”。“阳光地带”这个概念是1969年,一位名叫凯文·菲利普斯(Kevin Philips)的共和党战略家提出的,目的是标出美国南部涉及12个州的大片区域,包括加利福尼亚州南部和佛罗里达州南部,这片地区的特点是,城郊发展程度高,价值观比较保守(Tandy Shermer,2011)。20世纪30年代,罗斯福实施新政,从那时候开始,一直到20世纪60年代和70年代,在罗斯福新政的框架下,美国实施了一系列社会福利项目,随着联邦防御计划的施行,美国南部经济迅猛增长,使得这一地区在航空航天、电子工业和“商业环境”领域成为全国的佼佼者(Schulman,1991)。这也揭示了“创业型政府”在通常被称为后福特主义的阳光地带的兴起中所起的核心作用,将熊彼特所强调的科技创新是经济增长的动力与凯恩斯的以需求驱动经济发展的方法结合了起来(Eisinger,1988)。在这种语境下,橙县(第一个迪斯尼乐园的创建地点)在空间和经济学意义上都代表着一个非常重要的背景:一个“后城郊空间形成”的范例——多中心的、具备种族多样性的都市区,集住宿、商业功能、生产功能于一体的,多中心的、族裔混杂的都市区(Kling *et al*,1991),同时也是位于阳光地带的高科技产业综合体，与加利福尼亚州的硅谷、得克萨斯州的达拉斯-沃思堡地区和北卡罗莱纳的研究三角园共同构成了一道独特的景观(Scott，1988)。

然而，尽管经济实力雄厚，城市发展迅猛，加州橙县和阿纳海姆市，却从未让华特·迪士尼感到完全满意，作为迪士尼公司的赞助人和创办者，华特·迪士尼正在寻找一片绿地，以便他能计划并实现一座"明天的城市"(Foglesong，2001)。奥兰多和它周围的环境似乎适合他这个计划，因为这个地区人口还不多，而且主要以农业为主。1966年，迪士尼很容易地从佛罗里达州立法机关获得一项授权，创建"瑞迪溪改良区"(以一条天然水道的名字命名)，该法案仍在运作中：一个"特殊征税区"，与县政府具有相同的权力和责任。据该地区官方网站报道，"华特·迪士尼世界占其税收收入的85%"(〈www.rcd.org〉)。得益于迪士尼世界，奥兰多已经成为世界上最受欢迎的旅游地之一，也是美国人口增长和财富增长最快的城区之一(在过去的40年里，它的人口增长了一倍多，从1970年的近10万人增至2010年的23万人)，从而成为一个社会治理私有化和撤销土地使用管制的模型。在接下来的几十年里，虽然佛罗里达州的城市采取了明显的促增长计划(Turner，1992)，但是，经济开发区已经成为新自由主义时代的城市发展流动政策一个突出案例，它的经验也正从北美转移到世界各地其他很多国家(Ward，2006)。

迪士尼乐园在加州的首建和它在佛罗里达州的首次复制，使华特·迪士尼成功地走向国际化，从20世纪80年代开始，大约每10年就会在美国以外的地区建立一个新的旅游胜地。第一步是1983年开放的东京迪士尼乐园，然后是1992年在巴黎开放的欧洲迪士尼(后来更名为巴黎迪士尼乐园)，香港迪士尼2005年开放，最后是上海的迪士尼在2016年6月开幕。除了东京的迪士尼度假村是由一个日本公司全权拥有与经营外，其他迪士尼都是华特·迪士尼公司与当地的公共和私人投资者共享产权。然而，在物质和社会文化方面，海外度假胜地都有意再现甚至复制了美国原本的迪士尼乐园模式。即使加入了地方特色，比如在东京（Van Maanen，1992），已考虑到地方文化和土地使用的有关规定，情况也依然如此。例如，由于可用空间有限，香港的度假村就比加州的度假村要小很多，而东京的公园则因为相反的原因而更大。如第二章所述，这四个城市——东京、巴黎、香港、上海——在全球城市排名中占据了最高的位置。萨斯基娅·萨森在她的奠基性研究中指出，东京是与纽约和伦敦齐名的全球领先城市，反映了当时在世界资本主义中占据主导地位的地理上的三角关系：东亚、西欧和北美（Sassen，1991）。

在接下来的二十五年里，尽管在经济学层面，世界已经变得更加多极（成立于1999年的G20峰会从2008年开始代表这一新兴的多元化），但这些宏观区域依然保持着其经济霸主地位，这一点从人们对八国集团首脑会议的看重就可以知道，这八国集团除了日本之外，都来自西方，而俄罗斯在2014年的乌克兰地缘政治冲突后也被排除在外。与此同时，东亚的经济领导权也从日本转向中国。20世纪80年代，日本被视为唯一一个能与美国的经济和技术领先地位相抗衡的国家。然而，事实很快证明，这是一种幻想，因为到了20世纪80年代末，过热的日本经济已经崩溃，随后几年出现了长期停滞。相比之下，从20世纪90年代起，中国经历了一个稳定的经济增长过程，在2010年达到顶峰，GDP仅次于美国，超过了日本。因此，今天的日本经济在消费和资本商品方面都高度依赖对华出口。

多年来，迪士尼的本土化战略反映了世界经济格局的这种变化，特别是在东亚地区。20 世纪 80 年代初，当迪士尼公司成立时，东京正处于城市和经济转型的过程中，这一过程伴随着企业的生产模式转变（丰田的精益生产模式取代了福特工业的大规模生产，成为工业组织的主导模式），还有全球城市的社会经济转型，如生产商服务和金融行业的扩张，及其经济结构国际化程度的提高（Fujita，2003）。在公共领域内，这一过程反映在大都市政府以"复兴东京"和"拓展东京边界线"为名义推行的城市品牌政策中（Machimura，1992），这一政策也受到了当时西方城市开展的类似活动的鼓舞，尤其是著名的"我爱纽约"运动（见 Greenberg，2008）。

1992 年，迪士尼乐园在大巴黎东边的一个小镇马恩河谷开业。这一开业意义非凡，原因有三个。第一，欧洲迪士尼是在欧盟于马斯特里赫特签约两个月后开始运营，表明跨国公司，比如迪士尼，对欧洲作为一个经济整体的日益增长的兴趣和象征性的投资，这一点从迪士尼乐园最初的名字也可以看出来——欧洲迪士尼，但是在后冷战时代，这个地方更普遍的意义就是，一个重新获得幸福和和谐共存的空间。在"欧洲计划"这一开创性阶段的巅峰时期，美国经济学家杰里米·里夫金（Jeremy Rifkin）撰写了一本书，书名很有意味，《欧洲梦：欧洲对未来的憧憬是如何在悄悄地超越美国梦》（*European Dream：How Europe's Vision of the Future is Quietly Eclipsing the American Dream*，Rifkin，2004）。然而，仅仅几年后，最初由 2008 年金融危机引发的欧元危机再次出现，南北分化也随之出现，所有这些期望也在瞬间灰飞烟灭。第二，在 20 世纪 90 年代早期，法兰西是一个后福特主义的、经济呈现高度多样化的例子，巴黎市区的高级时装行业（特别是位于第二区中部的叫做“sentier”的时装街附近，这个地区在历史上就以纺织业出名）与分散在市区外围的高新技术产业交相辉映（Storper，1993）。第三，欧洲迪士尼是建立在法国政府与华特·迪士尼公司之间的合作基础之上的，这就导致了一个新的城市综合体——“欧洲谷（Vald' Europe）”的建立。这种方案是由一个专门的区域规划局来管理，旨在支持美国投资者。从这个意义上说，欧洲迪士尼俨然是一个直接采用典型的北美式的、假定中的后现代城市主义的例子，这种边缘城市（Garreau，1991）通常被理解为虚幻的、在郊区建造的、以消费为主导的城市环境，通常建在机场和高速公路等主要交通基础设施附近（Bontje and Burdack，2005）。

随着新的千禧年的开始，迪士尼终于在世界上最强大的新兴经济体——中国着陆，2005 年迪士尼在香港开设度假村（1997 年，香港在历经百年的英国殖民之后，作为特别行政区，回归中国大陆），2016 年又落地上海。与先前的选址方式一脉相承，选定这两个城市也高度说明了迪士尼对变化中的世界经济格局的持续关注。确实，在过去的二十年里，尽管北京保留了它的政治和文化中心地位，深圳和广东的其他城市也已成为中国制造业奇迹的温床，但是香港和上海这两个城市与中国在世界经济格局中的崛起息息相关。在学界的全球城市研究中，香港已成为城市企业家精神的典范，说明在当代精英话语中，全球城市化的迫切性已经取代了企业国际化的重要性（Jessop and Sum，2000）。另一方面，上海的新全球化战略（Wu，2003）一直是中国政府 1978 年以来推行的所谓对外开放政策的重心，1993 年，随着浦东新区的建立，这一政策也达到了高潮。浦东新区之所以成为举世闻名的金融和贸易区，不仅仅因为其经济发达，而且也因为它集中了一大批标志性的高层建筑，例如东方明珠塔和上海环球金融中心。崛起中的全球南方城市，如孟买，都把上海作为经济成功的典范，这已成了全球话语中一个反复出现，甚至有些令人不解的主题，它们的特征之一就是拥有国家扶持的外国投资。也正因为如此，上海的光辉掩盖了那些不太显眼的地区和城市所扮演的角色，这些地区和城市主要依赖国内企业，它们对中国经济崛起的贡献——根据某些分析者的观点——甚至更具有决定意义，这些分析者与传统的关于中国经济的观点不太一样（Huang，2008）。乌尔夫·汉纳兹（Ulf Hannerz）认为，城市世界主义就是建立跨国联系的过程（Hannerz，1996），借用他的定义，香港与上海携手，形成中国的"世界之窗"，并不是什么新生事物，它们的历史可以追溯到殖民地时期，早在那个时候，大英帝国就用它们来做与中国进行国际贸易的据点。只不过随着全球化的到来，两个城市之间的联系被大大地加强了：正如阿克巴·阿巴斯（Ackbar Abbas）所说，"上海和香港之间一直存在某种特殊的联系，仿佛通过它们的关系，就可以到达世界其他地方"（Abbas，2000：773）。这种全球城市化的进程并非没有输家，或者赢家：2010 年，当上海正沉浸在世博会的庆典中，主题是"城市，让生活更美好"，一些西方公司，如西门子和 IBM，展示了他们在技术密集型城市基础设施领域的投资，国际大众媒体却报道了其大规模的民建拆除和常住居民搬迁，来为新的迪士尼乐园让路（Richburg，2010）。

回溯迪士尼的发展轨迹让我们看到了普遍隐藏在全球化和世界主义官方措辞背后的西方殖民意识。接下来这一节和本章最后一节将会考察文化同质化的一些细微表现，其殖民效应在当代城市经验中一点都不少。

古根海姆化：再造资本主义城市的灵韵

1936 年，伟大的德国知识分子、独立学者瓦尔特·本雅明提出了一个著名的论断：艺术作品在当代资本主义的技术再现——尤其是电影业——取代了艺术原有的、独特的灵韵，这一灵韵乃是源于观者与艺术作品之间有所距离的感官体验：

> 即使是最完美的复制品，也缺少一样东西：即此时此地的这件艺术品——它在一个特定地方的独特存在。正是这种独特的存在——而没有别的东西——承载着作品所经历的历史的痕迹。这段历史包括随着时间的推移，其物理结构的变化，以及所有权的任何变化。(Benjamin，2006：103)

尽管这篇短文很快就成了批评理论的经典，但是，在其出版时，本雅明关于失去的灵韵的想法，以及他在崛起的大众文化中创造另类的对立运动的可能性的信心(Kellner，2005)，还是招致了来自浪漫主义和理想主义的批判。这些抱怨和批判的人中还包括一个法兰克福学派的杰出成员西奥多·阿多诺，他认为本雅明对文化与艺术在资本主义社会中的作用缺乏辩证理解，在神话与和解之间摇摆不定(Adorno，1980)。正是在人们对当代艺术作品缺少原汁原味这一点越来越不满的语境下，特别是跟当代生活体验联系在一起的时候，人们可以通过给予现代艺术场馆(如 20 世纪 30 年代以后的博物馆及其他展览场所)的建筑形式以独特性，来重新审视艺术实现和再现的神话维度的再创造。试图重造艺术之灵韵的尝试，尤其体现在纽约的所罗门·古根海姆博物馆的建筑项目上，众所周知，这个项目是由美国一个重要的现代建筑代表人物——弗兰克·劳埃德·赖特(Frank Lloyd Wright)设计的。20世纪30年代，所罗门·古根海姆博物馆作为一个非正式的展览空间成立，因此，所罗门·古根海姆的藏品一直是以所谓的非具象艺术为主：正如卢卡奇、本雅明、阿多诺和当时其他法兰克福学派思想家所言，抽象艺术既是对艺术作品物化的反映，也是对资本主义社会中日益普遍的现实抽象过程的反映(见Jameson，1979)。

其后的古根海姆博物馆工程耗时很久才得以完成，准确地说，是十六年，从1943年产生最初的构想到1959年最后的收工，在劳埃德·赖特逝世几个月之后才最终完成。人们一般都把这个工程与极具魅力的弗兰克·劳埃德·赖特和所罗门·古根海姆联系在一起，但是，罗伯·摩斯(Robert Moses)却在该工程的修建过程中扮演了一个极为重要的角色，尽管很长时间，他都没有获得公开的承认(Dunlap，1987)。摩斯是一个位高权重却又备受争议的城市规划大师，他在纽约这个舞台上活跃了四十年之久，从20世纪20年代早期一直到60年代早期(Caro，1975)。尽管他不喜欢劳埃德·赖特实验性的建筑风格，更偏向具有传统风格的新古根海姆博物馆的设计，但在促成博物馆项目的建造过程中，他还是起到了决定性作用，他通过向市政官员施压，打破了多年的官僚僵局，迫使他们批准了新建筑的建筑许可。博物馆的地址最后选在第五大道北段，也就是富裕的上东区，刚好在中央公园前面，20世纪30年代中央公园的翻修工程就是在它的带动下进行的。马歇尔·伯曼(Marshall Berman)在讲述20世纪纽约的现代主义改造过程时，特别提到罗伯·摩斯在其中发挥的关键作用，他将这个过程分为两个阶段，第一阶段始于二战之前，在这个阶段，摩斯主要致力于景观工程，比如琼斯海滩和包括中央公园在内的几处公园以及花园的建造；而在第二个阶段，他却将自己与备受争议的、以汽车为中心的城市改造工程联系在了一起，比如，布朗克斯高速公路工程和最终没有建成的曼哈顿下城高速公路(Berman，1982)。特别是后者，尽管没有成功修建，却成就了一段历史公案，因为它激起了当地居民的强烈抵制，特别是在格林威治村，著名城市学家简·雅各布斯也加入了那里的反对阵营，并受这次抵制运动的启发，完成了她对现代城市改造的批判，这一点不管是对她个人还是对学科发展而言，都意义深远(Jacobs，1961)。

雅各布斯呼吁大家对蓬勃发展、人口稠密的城市社区进行保护，这一点在普通大众的心目中，远远胜过了摩斯自20世纪60年代起一直提倡的对城市的现代性改造，也最终导致了摩斯在政治上走向衰落。正如马歇尔·伯曼所指出的那样，罗伯·摩斯的发展轨迹可充分说明，美国罗斯福新政的广泛影响，还有与之相关的国家主导下的资本主义现代化及其潜能、陷阱以及矛盾的构想。因此，我们必须在资本主义现代化这个霸权主义工程的背景下来认识古根海姆博物馆，而纽约无论是在经济、政治，还是文化方面，都占据着中心位置。具有讽刺意味的是，这个现代化的、由国家主导的城市和社会治理计划，在博物馆建成不久，便开始分崩离析。正是在这样的语境下，博物馆凭借其极富魅力的建筑形式，一方面，旨在通过对艺术作品的体验，重现艺术的灵韵；另一方面，旨在通过这种地标式的建筑，唤醒人们对城市环境的情感归属，二战结束之后，随着旧城改造的推进，随处可见的彰显冷漠美学的、现代主义的水泥工程，破坏了城市环境原有的、原汁原味的美感。

鲍勃·杰索普在分析城市政权和城市治理的时候，曾经对葛兰西关于霸权集团的概念做过如下阐述，也许可以帮助我们更好地理解古根海姆博物馆的上述功能：

> 霸权工程[……]有助于保证不同社会力量的相对统一。霸权工程实现这一目标的途径就是通过解决个别利益与普遍利益之间抽象的冲突问题。该工程会调动一个具体的行动计划背后的支持力量，而这个具体的行动计划则会反过来维护一个临时的普遍利益，在追求目标的过程中，又会直接或间接地推动霸权阶层（集团）长期利益的实现，从而在给予那些与该行动计划兼容的特定的合作-经济利益集团以特权的同时，忽略那些与该行动计划不一致的集团的利益。（Jessop，1997：62）

尽管在学术论述中，常常会忽略摩斯的时代，但是，纽约这个古根海姆博物馆工程反映了罗伯·摩斯及其相关的霸权集团在战后那些年，在我们今天所谓的“空间凯恩斯主义”的语境下，所追求的资本主义现代化进程（Brenner，2004），在这个过程中，不管是国家当局，还是地区和地方政府，都会通过预算赤字的政策，尤其是资助公共项目的方式，来支持城市的发展改造计划。博物馆项目的完成，对于在城市改造这个大背景下建设文化霸权，起到了工具性的作用，而市政府的城市改造项目是在罗伯·摩斯的指导下进行的，也正是从这个意义上说，罗伯特·摩斯对这个过程的干预引起了争议与冲突。

顺着这个思路，我们就可以理解，在过去的30年里，新的古根海姆博物馆不断建立的原因，尤其是在毕尔巴鄂的古根海姆博物馆以及阿布扎比和赫尔辛基正在建造中的博物馆（第一章中对古根海姆博物馆已有所提及，阿布扎比博物馆预计在2017年开放，而赫尔辛基博物馆的开放时间尚未可知)[①]。毕尔巴鄂的古根海姆博物馆在当地政府的支持下,于 1997 年开放,他们为古根海姆博物馆基金会建造新博物馆提供了必要的资金支持。这一工程引起了人们对所谓的"古根海姆效应"的热议,古根海姆博物馆的成功建设自然对城市发展产生了很大影响,尤其是在旅游吸引力方面,在文化导向型消费模式的输入方面,它也是功不可没(Gómez and González,2001)。20 世纪 80 年代早期,当有人提议修建博物馆时,毕尔巴鄂市正在应对去工业化的浪潮,这一浪潮对制造业基础造成了深刻的影响。随后几年,毕尔巴鄂市见证了城市管理企业化的进程,公私合作在城市改造计划中起到了模范带头作用。正是在这种语境下,古根汉姆博物馆项目成了毕尔巴鄂城市改造战略中的重中之重,该项目建造在废弃的旧城区边缘的港口区,由加拿大明星建筑师弗兰克·盖里(Frank Gehry)担纲设计。根据萨拉·冈萨雷斯(Sara González)的说法,古根海姆博物馆项目是当地政治经济领域的精英们在其福特主义经济衰败之后,力求寻找一种全新的"时空定位(spatio-temporal fix)",并在全球国际舞台上重新调整和定位自己话语权的关键所在(González,2006)。从当地精英的角度看,这个计划已经实现了它的预期目标,不仅在一个之前几乎不存在旅游业的城市,吸引到了来自世界各国的游客,而且,从更广泛的角度看,他们通过政策宣传,在全球范围内打造"模范城市"这方面也取得了巨大成功(González,2011;见第二章)。

阿布扎比是阿拉伯联合酋长国的政治首都,正在建设中的阿

① 遗憾的是,阿布扎比博物馆并没有在 2017 年如期开馆,由于种种原因,该项目一直到 2019 年才开始正式动工,预计 4 年之内完成;而赫尔辛基博物馆在选定设计方案之后,又遭遇种种阻挠,目前尚无定论。——译者注

布扎比古根海姆博物馆是古根海姆在全球化进程上迈出的第二大步。古根海姆在威尼斯和柏林也开设了小型展览馆(威尼斯的展馆位于先前的一个历史建筑中),只是相对于纽约和毕尔巴鄂的盛大场面,还有阿布扎比和赫尔辛基的在建或者待建项目来说,这两个展馆对当地的影响微乎其微,不管是在象征意义上,还是经济学意义上,柏林的小展馆目前已经停止营业。阿布扎比古根海姆博物馆项目最初是在 2006 年提出的,也是由弗兰克·盖里担纲设计,只是由于 2008 年金融危机的到来(2009 年,阿布扎比政府不得不出面,帮助迪拜世界的投资银行脱离困境),它的建设计划一再推迟。不过,在这个阶段,阿布扎比古根海姆博物馆已经证明,追求文化霸权的过程就是准许与胁迫的博弈,而文化霸权这个概念最早是由安东尼奥·葛兰西提出来的(Lears,1985)。作为萨迪亚特岛文化工程(西方文化象征如卢浮宫博物馆、皇家阿尔伯特音乐厅、古根海姆博物馆等的集中复制)的一部分,古根海姆博物馆工程反映了当地精英人士愿意与资本主义、大众文化与维护正统的伊斯兰习俗之间达成调和,以期更好地巩固他们的权力(Ponzini,2011)。一方面,阿拉伯联合酋长国正在进行新一轮的如火如荼的城市建设,但是,在这片发展的繁荣背后却是古根海姆项目导致的严重的劳动剥削制度,尽管主张移民劳工权利的人组织了激烈的抗议活动,但都无济于事,移民劳工中大部分是印度裔和巴基斯坦裔(Chen,2016)。另一方面,博物馆项目也想通过建设一个雄心勃勃的“当代阿拉伯、伊斯兰和中东的中心”来实现其文化使命。因此,如果说这项霸权工程是基于对“一个特定地方的一种独特存在”的艺术理想的追求,也是说得过去的,本雅明在他那篇著名的关于艺术的机械复制的批评文章中,就提到了这样一个观点。两个看上去相似而实际有差异的实体复制品(作为不同的政治-经济背景和相关霸权主义集团的表达),比如说纽约“最初的”古根海姆博物馆和随后出现在毕尔巴鄂的古根海姆博物馆,阿布扎比博物馆则体现了德勒兹关于个体作为“差异复制”的结果的思想(Deleuze,1994)。詹妮弗·罗宾逊已经展示了重复、差异和奇点生成的并置原则是如何成为当代城市现象(即城市通过相关过程日益成为全球化的实体)的中心的(Robinson,2016;同时见第二章)。古根海姆博物馆在时空上的延缓,有力地展示了这样一种动态:位居不同地域的古根海姆博物馆是不同城市的故事及其相应的政治经济霸权工程的交叠和复杂并置,而不是简单的对原始模型的直接复制。

赫尔辛基是古根海姆博物馆在全球战略中的最新一站。2011年,古根海姆基金会与赫尔辛基市政当局达成协议,决定在芬兰首都建造一座古根海姆博物馆,几经反复之后(受艺术界和广大公众的批评,原计划被搁置在一边),在2015年,赫尔辛基市宣布了新建筑设计的竞选结果。赫尔辛基市与古根海姆基金会合力制定了一个野心勃勃又切实可行的计划,具体地分析了该投资的经济回报,也呼吁芬兰对此做出实质性付出(The Solomon Guggenheim Foundation,2011)。该分析是建立在赫尔辛基和芬兰的经济文化背景之下,其总体前景在当时看来是非常乐观的,因为根据世界经济论坛的报道,从全球竞争力的角度看,芬兰经济在欧盟位居第二。即便是2008年金融危机引起了经济下滑,导致芬兰2009年国内生产总值骤然紧缩(比上一年度减少8.3%),与波罗的海地区其他国家持平,芬兰经济在2011年显然还是很健康,因为它迅速从大紧缩中恢复了过来(2010年,其国内生产总值再次增长了3%)。然而不久,经济复苏便被证明是一种错觉,因为自2011年以后,芬兰便开始进入衰退期,这一状况一直在影响它的经济,而其他欧盟经济体已经恢复，至少是在缓慢地增长。在前些年，芬兰的经济命运，尤其是赫尔辛基作为“科技重镇”，在全球范围内的国际贸易中心中发挥着领先作用，这与风靡全球的诺基亚产品是密不可分的(Pelkonen，2005)。但是，自从 2008 年新一代智能手机出现之后，诺基亚手机就不再那么受欢迎了。2013 年，诺基亚将其移动设备业务转卖给微软公司，由此造成芬兰的诺基亚和国际贸易中心业务不可逆转的下滑(Viita，2014)。理查德·桑内特(Richard Sennett，1998)的文章中提到，失去诺基亚对芬兰是一个重创，这不仅仅表现在经济转型等传统的指标(岗位流失、出口减少)，更重要的是——套用一句理查德·桑内特在一篇文章(1998)中提到的——国家认同感和“性格上的腐蚀”。在那篇文章中，这位著名的社会学家分析了个人由于大型的机关和组织——包括大公司在内——的解散，以及后福特主义社会中灵活就业和不确定的归属状态而产生的迷惘和无所适从的感觉(Sennett，1998)。遗憾的是，在我写作本书时，这个项目尚未达成一致意见，最终博物馆能否落成仍然是个谜。从某种意义上说，赫尔辛基的政界精英们对古根海姆发出邀请，也可以看作是他们在经济萎缩的语境下，试图填补诺基亚留下的空白的一种举措。不幸的是，该计划面临重重困难，这也说明当初这个想法是多么不切实际，而且在很多方面也是因为诺基亚留下的惨痛损失。就其自身而言，现在的赫尔辛基将重新焕发活力的城市环境视为追求再次繁荣的前进方向。在赫尔辛基，围绕着正在崛起的创业社区，一个新的高科技园区正在形成(Bosworth，2012)，这一点要特别感谢像阿尔托大学这样新成立的、以商业为导向的机构，阿尔托大学合并了三所分别以工科、商科和经济学、艺术和设计为主要特色的院校，在赫尔辛基高科技园区的建设中，发挥了极为重要的作用。简而言之，从赫尔辛基的经历，我们可以学到的是，古根海姆不能取代诺基亚，成为打造国家形象的关键性角色：在资本主义创新力不再局限于公司的高墙内，而是渗透到社会的各个角落的时候，只有城市本身才能取代诺基亚的位置，因为城市作为今天知识密集型资本主义之“一般智力”的聚集地，已经成了社会企业化的沃土，关于这一点，我们在下一章还要进行更详细的讨论。

总结

本章批判性地重估了全球化所带来的社会同质化现象。20世纪90年代早期，当全球化作为一个越来越具有霸权性质的话语占领当代社会的时候，那些批判性地分析后现代状况的社会科学家特别关注这一现象，他们创造出了麦当劳化、迪士尼化和古根海姆化等概念，来解释这个世界上基于西方生活方式和大众文化影响的社会文化殖民进程。

重新考察那些文献，本章得出了以下四个结论：第一，就像弗雷德里克·詹姆逊所提出的理论，后现代主义状况展示了20世纪的延续性，而且，就像这里所讨论的，后现代主义状况也可以被看作是一个晚期资本主义的时空延缓期，正像欧洲大陆批判思潮的奠基者们所界定的那样。第二，但另一方面，全球化本身就是一个错综复杂的积累扩张过程，而非线性的、一成不变的，因此，全球化的深入也伴随着这样一个事实，那就是世界其他地方对西方符码文化的接受，就像詹妮弗·罗宾逊所说的，是以“差异重复”的方式和意义，而不是对所谓的原始版本的简单直接复制，因为这些改动总是体现在特定的政治经济道路和相关的霸权主义力量以及治理结构中。第三，不管是以哪种方式，这些力量对全球资本主义文化在不同语境下的渗透起到了根本作用:从中国、俄罗斯等国家的社会的饮食文化以及更广泛的社会行为的麦当劳化,到奥兰多和巴黎的迪士尼乐园,它们都是吸收新自由主义逻辑的城市管理的鲜活例子,而阿布扎比的古根海姆博物馆工程则充分展现了城市发展在那种语境下的借鉴和冲突。第四,古根海姆博物馆在赫尔辛基遭遇的旷日持久的僵局,反映了巨无霸工程作为城市企业化的催化剂和都市经济发展引擎的危机,这一点与我们在第一章简要分析的大型活动的危机是一脉相承的,当时援引的例子是 2016 年在里约热内卢举办奥林匹克运动会的困境与麻烦。最后一个案例,则向我们提出了一个问题,那就是:在当前的资本主义社会中,在社会和个人企业化前提下,城市作为一个整体,正在越来越急切地成为经济价值化的生死场,关于这个内容,我们将在下一章进行分析。

第五章　变数

城市与全球经济危机：当下即历史

前一章分析的“文明进程”，说明了全球资本主义在当前这个时代的一个典型特征：即全球不同城市都接受了消费模式及其相关的经济、社会和空间组织模式，特别是在那些已经步入资本主义转型的经济和社会中，这一点表现得尤为明显。这种“文明进程”也助长了人们对西方尤其是对美国资本主义的信念，冷战结束后，这种资本主义体制更是席卷全球。与此同时，也正如之前已经预料到的，尽管西方一直以霸权的身份，坚持不懈地推行文化殖民统治，就像前面一章已经分析过的，但是，当代资本主义社会的新自由主义政府依然在把城市作为一个整体，推进每个社会肌体的经济价值化。本章主要讲述价值化过程中的矛盾。为了理解这一过程，我们首先需要区分“多样化(variegation)”和“变数”这两个相关概念的使用。

倡导“多样化”概念(Brenner *et al*，2010)的学者，一直都在努力超越国家政治经济中对多样化的制度性肯定，这种多样化是基于不同领域中、以公司为中心的制度机制和监管制度的地理差异：从市场协调到公司治理，再从金融介入到劳动力市场（Amable，2003；Hall and Soskice，2001）。这种以国家为中心的、对资本主义多样性和经济监管体制多样性的理解，并非是所谓的资本主义多样化的方法的特权。米歇尔·福柯在其《生物政治的诞生》（*The Birth of Biopolitics*）这部讲座集中，对新自由主义给出了一个富有开创性的定义，也反思了对“美国新自由主义”“德国新自由主义模式”“法国的社会市场经济计划”等诸如此类的国家变体的认知（Foucault，2008）。

只是福柯在他写作的当时，考虑不到全球化的到来及其对社会生活的影响。杰米·帕克和尼克·西奥多针对有关资本主义多样性的学术研究，写过一篇准确的评论文章，强调了在方法论上采取民族主义立场的相关问题（民族国家仍然是分析单位，这一点毫无争议），尤其是那些支撑国家比较的规范性假设（Peck and Theodore，2007）。该文章呼吁人们对“多样化的资本主义”的研究采取批判性的经济地理方法，尽管作者并没有深入探究如何把多样化变成一个可操作的概念。针对这一问题，鲍勃·杰索普为大家提供了一些有益的观点，不同于主流文献对多样化的资本主义的静态分类，他启用了一个不同的诠释框架，来分析多样化的资本主义，建议使用共存、互补、竞争、敌对和对抗这些概念，来描述全球语境下的不同的资本积累模式，这一全球语境的特征是新自由主义的生态优势（Jessop，2011）。

帕克和西奥多也为人们理解多样化提供了一个实质性的推动，在与尼尔·博伦纳合作的一篇学报文章中，他们对全球经济危机背景下社会政府新自由治理模式的多样化——在世界范围内随着新自由主义化进程的加速而引发的“系统性地理-制度差异”进行了理论化(Brenner *et al*,2010)。这种界定尤其说明了多样化在当代社会的运作方式,其特征是“良好治理”“全球竞争力”和“紧缩”的政策流动性在当前的危机面前不断加强。从这一角度出发,多样化一定要放在新自由主义治理术的背景下进行理解,作为“全球性的逻辑”,它在全世界不断传播,也被纳入不同的经济政治和文化体制环境。然而,尽管这种方法能够有效地与政策流动性观点结合起来(见第二章),但是它过于依赖地理环境,认为地域才是多样化进程的最终决定性因素,从而将社会进程中最重要的决定因素由经济变为地理,比照阿尔都塞对结构与上层建筑之间关系的经典界定做了必要的修改。最后说一下,从这一角度出发,新自由主义貌似是全球资本主义的外部力量,而非内部构成要素。而本章恰恰要探究无所不在的新自由主义治理术对于当代资本主义的意义。

之前有一篇文章,超越了主流的制度和政治经济学方法,对资本主义在城市和区域层面的各种形式进行了理论化(Rossi,2013a),城市-资本主义共同体中的“变数”概念正是在对这篇文章进行梳理的基础上,意图强调,在知识密集型和以生活为中心的全球资本主义语境下,追求社会与个人之双重企业化的新自由主义计划的不同(不管是正面的,还是负面的)方式。在阐释的过程中,鲍勃·杰索普的“社会化”概念与吉奥乔·阿甘本和保罗·维尔诺关于生活形式的唯物主义本体论被放到了一起使用,这样做是为了提请人们注意,在先进的自由主义社会中,现代资本主义与社会化进程、生活形式的产生之间结合的矛盾方式。特别需要指出的是,本章的目的是展示当代城市是如何反映并积极推动新自由主义资本主义对社会企业化和个人企业化的迫切需要。社会企业化和个人企业化的进程不断深化，但是，我们不能把这一转变理解为经济发展阶段相继出现的一个线性过程，相反，它是一个错综复杂的、内部矛盾的、社会化模式和生活形式逐渐分层和沉淀的过程，反映了当代资本主义宏观经济状况的不断变化，不断地在紧缩驱动和增长驱动的治理策略之间来回摇摆的状况。

本章其他部分将致力于阐明，战略关系的政治经济方法和唯物主义本体论的结合，将如何帮助我们理解当前城市-资本主义共同体的变数，从而挑战那种将地理和国家制度体系作为决定资本主义多样化的最重要因素的惯常说法。

社会化

对城市-资本主义的变数加以理论化的出发点是，资本主义已经在全球展开，在这里，“全球”的概念可以从两个方面来理解：首先，作为一个地理术语，它强调的是，全球化使资本主义能够在全球范围扩张；其次，全球化是当代资本主义的一个显著特点，它的形成乃是源于它将越来越多的社会生活领域纳入商品化的倾向，关于这一点，本书在不同章节都曾强调过。但在这个过程中，有一点很重要，那就是，我们应该避免把资本主义本质化地、形而上地理解为一种自然地或机械地在空间和社会扩张，并产生不同效果的客观力量。相反，资本主义在地理和社会领域的扩张及其不断变化的格局，只能被视为社会化在全球新自由主义当政的语境下，实施其政治经济的历史任务的结果。这些任务依赖于“积累的社会结构”，该概念的支持者们将其宽泛地定义为“所有影响积累过程的机构”(Gordon *et al*，1994：14)。在当代批判性城市理论中，该观点要求我们在寻求不断变化的资本积累战略中关注经济参与者、联盟、散漫的机构及其相关政府的流动。在这种语境下，鲍勃·杰索普的著作就是关键性的参考文章，尤其是他通过马克思主义视角对资本主义所做的战略关系性的重新解读(也可以参考第四章)。

杰索普的方法基础是，把社会化的观念看作是分析的出发点，旨在发现积累的社会结构及其霸权集团所采用的相关战略(用经典的葛兰西学派的说法就是，反思一个“历史集团”)。这个概念在鲍勃·杰索普当初尝试着“把国家理论付诸实践”的框架中，就已经成型了(Jessop，1990)：

> 社会的存在不是理所当然的：一定是经过多多少少不确定的社会过程与实践才得以形成和重塑，这些过程与实践同多种多样的社会关系相结合，从而产生“社会效应”。(Jessop，1990：5)

这个界定让人忍不住思考国家的作用，以及杰索普所谓的“积累战略、国家战略和资产阶级霸权工程”所带来的社会化任务的形成方式，因为国家的作用一直都是杰索普研究项目所关注的中心。比如，杰索普把英国的撒切尔主义看作是社团主义的社会化任务，旨在“彻底整合”社会力量，并最终造成了它与战后社会民主和解之间不可逆转的断裂。在其随后一本关于资本主义国家未来的书中，杰索普更加明确地提到了变数的问题，他说：

> 资本主义市场的力量(以及相关的逐利逻辑)，能够在多大程度上控制整个的社会组织和社会形成的动态，还存在很多变数。这就引发人们思考，在何种情况下，积累才能够成为

社会组织(或社会化)的主导性原则。(Jessop,2002b:16)

在这本书中,他概述了从“大西洋福特主义”和凯恩斯主义到后福特主义和熊彼特主义竞争国家的转变,后者是建立在持续不断的技术创新和知识密集型经济之基础上的,新自由资本主义的生态优势就是它的特征。在这里,“生态优势”这个概念很重要,因为它为大家分析全球资本主义及其在城市的表现提供了一个出发点。在这个研究阶段,杰索普已经意识到,“对资本主义多样性的兴趣”及其各自的强项和弱势,与“不断认识到的相互之间的互补性和敌对性”以及“在保持结构多样性方面可能获得的进化和适应优势”相吻合(同上:102);接下来几年,他又进一步阐释了他对资本主义变数的理解。但是,在整本书中,他都在不断地提到国家层面和宏观层面国家资本主义的多样性,联系到全球化资本主义经济的主要参与者,如美国、日本、欧盟等(Jessop,2002b:102)。

接下来,本书的目的就是挑战为资本主义多样性研究提供信息的“方法论上的民族主义”,尽管我们也知道对它的传统批判的主要局限(Beck and Sznaider,2006),特别是它在社会科学研究中,迅速摒弃了国家这个相关的分析单位,并且天真(而且不加批判)地把世界主义作为一种所谓的展望资本主义社会的不偏不倚的窗口(Calhoun,2002; Chernilo,2006)。因此,本章将不再把地理多样化和以国家为中心的制度当作不同的政治经济链(以及上面提到的福柯的政治思想)的结果,并进而强调,新自由主义的社会企业化和个人企业化,作为当代知识密集型资本主义的一个组成部分,在全球的扩展及影响。

为达到这一目的,本章将首先从唯物主义本体论的角度,对资本主义进行重新界定,关注知识密集型资本主义语境下,波动的生命形式的产物以及对生命本身的矛盾性使用。这样做的过程，将会使我们避免研究资本主义多样化的主流方法在方法论上的本质主义（表现为以国家为中心的形式），同时避免多样化的新自由主义命题的局限性，并最终指明一套不同的、能够展示全球资本主义矛盾的社会化体制。

生命形式

二十年前，吉奥乔·阿甘本出版了《神圣人：至高权力和赤裸生命》（*Homo Sacer*：*Sovereign Power and Bare Life*，1998）一书，并以此开启了他的知识分子之旅；最近，阿甘本又出版了一本新书《身体之用》（*The Use of Bodies*），并将其归结为自己二十年来所走过的知识分子之路的最后阶段。在这本书中，阿甘本以"生命形式"这个概念为基础，对本体论做了超越形而上的重新界定（Agamben，2016）。他认为，在尼采、本雅明和福柯这样的"非专业哲学家"（他这样称呼他们）以及当代社会中，相对于超验（transcendental）来说，语言获得了中心地位，语言与人类是同时产生的，这也是他进行分析的出发点。也正是在这种背景下，他对本体论进行了"考古式的挖掘"，与现代本体论达成了共识。其反思始于本体论和逻辑学之间、存在与生存之间、潜在与行为之间尚未解决的分歧，这种两难分歧起源于亚里士多德（Agamben，2016）。为解决本体论的困惑，阿甘本借助于"需求（demand）"这个概念，并结合了斯宾诺莎的努力（conatus）的概念。在他看来，这个概念能够使我们打破本体论的装置给人类带来的稳定性（"装置"的概念见 Agamben，2009；它与各种形式的资本积累和监管的关系，见 Rossi，2013a）。需求这种存在就是一个不断地"修改、渴望并形成自身”的过程(Agamben,2016:171),由此形成越来越多的存在方式。在此意义上,他把存在方式概念化为节奏,顾名思义,存在就是移动的、流动的,因此,在本质上,不可能像图示一样清晰,阿甘本总结道,存在是一种流动,是物质在模态中调节自身。所以说,存在并不会去适应存在的模态;相反,它是通过模态本身来定义自己。这种“模态本体论”作为人类实现自我的另类选择,是阿甘本对“使用”进行理论化的工具,而这也是他在书中的主要目标。“使用”不能仅仅被视为一种活动,也不能被视为拥有某种东西;相反,它是一种生命形式,是对生活之所以成为生活的重复参与。我们可以用钢琴家的例子来阐明这一点:

> 我们一般把弹钢琴的习惯归功于格伦·古尔德(Glenn Gould),但是,他弹琴时,除了使用自己,并且习惯性地知道如何弹奏以外,什么也不做。他并不是弹琴能力的拥有者,或者守护者,这一点他可以去做,也可以不去做,但是,他把自己当成了使用钢琴的人,与弹琴或者不弹琴这个事实无关。使用,作为一种习惯,是一种生命形式,而不是做事情的知识和个人能力。(Agamben,2016:61—62)

总而言之,在阿甘本看来,存在不能与习惯和使用分开,也因此,不能脱离生命形式而存在。阿甘本对“使用”这一概念的强调,通过看保罗·维尔诺的文章可以更加明了,在那篇文章中,维尔诺提出了“生命的使用”这一概念。他认为,生命的使用是以摆脱自我(distantiation from the self)为前提的,就像那些演员愿意在无尽的训练过程中扮演不同的角色(Virno,2015)。生命的使用就是由角色的多重性构成的。维尔诺认为,这种多重性角色可能会破坏米歇尔·福柯和其他新福柯理论家所理解的对自我的个人主义关怀，为“我们”这个意识的兴起打下了基础，使人们能够激活那些相对个人化的新自由主义逻辑而言比较另类的生命形式。

接下来，本章剩下这几部分确定了三个反映存在“调整”的阶段——用阿甘本的术语来说——是关于当初由福柯确定的“个人企业化”的新自由主义规律：形成、危机以及再次确认。形成阶段与“社会化的城市”的过渡状况紧密相连，也是社会融入资本价值最大化机制的见证。接下来一节，将着重讲述“被剥夺的城市”，这一状况反映了影响全球资本主义的有机危机（organic crisis），也反映了原本与“原始积累”相关的生命形式在结构性危机和财政紧缩的条件下坚持不懈地继续着。最后，本章将分析“复苏的城市”，这是资本主义重新定位，并且更加深入地重新社会化的例证。这些阶段的交替不应该以线性的方式理解，而是应该看作一个错综复杂的分层过程。在被一些经济学家称为“长期停滞”（见引论）的危机四伏的资本主义经济体中，“被剥夺的城市”不仅仅是一种临时性的紧急状态，而是成了一种永久性的状态，在被称为“复苏的城市”的语境下，与积极的生物政治经济发展相重叠。正是在这种背景下，保罗·维尔诺在“生命的使用”理念中所理念化的多重性角色才变得更加明显。

我们会特别结合（但是不限于）美国和欧盟的情况，分析社会化的过程以及各种生命形式在当代资本主义的调整。美国是全球化时代第一次系统性全球危机的源头，也是世界经济中较快摆脱经济大萧条及其后的经济僵局的国家，与此同时，也在复制它以金融为手段的、扭曲的经济发展模式：目前，美国被美国国内最权威的新闻媒体同时视作“稳定岛”（Irwin，2016）和“经济疾病”的集中营（Foroohar，2016）。另一方面，我们能够更加清晰地观察到，欧盟在持续缺乏增长动力的背景下，执行财政整顿政策所带来的社会影响，它是受紧缩驱动的治理典型，但是作为一个潜在的解放政治的空间，它也受到了另类势力的推动，尤其是在城市层面。美国和欧盟所扮演的这种矛盾角色发生在日益动荡的全球经济中——欧盟正面临持续的经济增长疲软，巴西、俄罗斯、中国和南非（所谓的"金砖四国"）这些新兴的经济大国正在努力应对不断增加的经济不确定性，而像印度尼西亚、土耳其和尼日利亚这样的新兴市场，在经历了前几年前所未有的经济扩张之后，与先前的快速增长预期相反，甚至已经受到了主要经济下滑的影响。

社会化的城市

> 自然界没有制造出任何机器，没有创造出机车、铁路、电报、走锭精纺机等等。它们是人类劳动的产物，是变成了人类意志驾驭自然的器官或人类在自然界活动的器官的自然物质。它们是人类的手创造出来的人类头脑的器官；是物化的知识力量。固定资本的发展表明，一般社会知识，已经在多么大的程度上变成了直接的生产力，从而社会生活过程的条件本身在多么大的程度上受到一般智力的控制并按照这种智力得到改造。它表明，社会生产力已经在多么大的程度上不仅以知识的形式，而且作为社会实践的直接器官，作为实际生活过程的直接器官被生产出来。（Marx，1973：706）

这段话选自马克思的《政治经济学批判大纲》之"机器论片段"，在这段著名的文字中，马克思预言了技术密集型资本主义的出现，用他的话说就是，一般社会知识变成了"直接生产力"。在这篇文章中，为了理解社会知识参与到资本主义的增值过程，马克思提出了一个他此后再也没有用过的概念：一般智力。这个概念与卢梭的"普遍意志"遥相呼应，甚或跟亚里士多德"主动理智"的想法更相关（Virno，2007）。这段文字虽短，却是意大利后工人主义（post-operaismo 或 post-workerism）这一活跃思想中的核心内容，后工人主义是 20 世纪 60 年代初期发起的知识分子和政治极端运动的继续，重申了阶级对立和资本主义重组之间的因果关系：阶级斗争是资本主义重组的先声和号角，而随后的资本重组又为工人力量开启了新天地。这些话也让人忍不住想起了爱德华·汤普森（Edward Thompson）所写的英国工业革命"自下而上"的创新历史（Thompson，1963），20 世纪 90 年代，保罗·维尔诺将后福特主义转型解释为"革命的反拨"，即 20 世纪 60 年代末和 70 年代工人的社会反抗行为被资本主义社会吸纳，主要就是反对与福特式工厂组织相关的标准化工作和纪律（Virno，1996a）。同样，我们可以回想一下管理顾问彼得·德鲁克（Peter Drucker）最初提出的观点。20 世纪 70 年代，他曾经发表过一段著名的言论，在美国，工人和中产阶级通过养老金和互惠基金"共同拥有生产资料"（Drucker，1993：60）。经济学家克里斯蒂安·马拉奇（Christian Marazzi）将资本主义经济金融化解释为对"资本共产主义"的一种保守回应，也就是，将源于家庭经济的储蓄注入证券市场，而"资本共产主义"则深植于投资计划中，是"新经济"的典型特征（Marazzi，2012）。

在这一学术论著中，安东尼奥·奈格里的《大纲：超越马克思的马克思》（*Marx beyond Marx*：*Lessons on the Grundrisse*）于 1979 年的出版算是标志着（后）工人主义开始进入一个新阶段，这个阶段在 20 世纪 80 年代经历了沉闷的 10 年（当时很多支持者被监禁或被迫流亡)后,在20世纪90年代和21世纪初的10年中经历了复兴。在这本书中,奈格里强调了马克思如何设想由技术进步引领生产力稳步增长,这也是"我们必须从绝对剩余价值的提取转变为相对剩余价值的组织,通过资本实现从形式吸纳到实际吸纳"的表现(Negri,1989:131)。马克思的一般智力的概念一直是20世纪90年代激烈辩论的中心。尤其是如保罗·维尔诺(哲学家)和克里斯蒂安·马拉奇(经济学家)这样一些不同学科背景的作者,他们建议不仅仅用机器和固定资本其他有形形式来识别一般智力,还要关注在后福特主义经济中语言的中心地位:不仅是高技能专业人士的精英,更通俗地说是"聪明人",他们被主流经济学家认定为知识和创新工作者(Florida,2012; Moretti,2012),还有各种经济行业(从卫生和社会关怀、娱乐和零售等服务经济,到再现丰田协同精益生产模式的制造业)中普遍存在的劳动力。正如这些作者所论证的那样,所有员工都需要以不同的方式对工作场所中的交往关系行为采取积极的态度(例如,见Marazzi,2011)。在这个意义上,正如保罗·维尔诺所指出的,像"非物质劳动"这样的定义是站不住脚的。"非物质劳动"中包括低收入的"认知工作者"(其他后工人主义者如安东尼奥·奈格里和毛里齐奥·拉扎拉托使用的术语)或更精英主义的"创意阶层"(理查德·佛罗里达最著名的称呼)。因为这样的定义意味着只有特定部分的劳动力才能充分利用知识和创造力。相反,整个"社会化"的劳动力已经发出了自己的声音,并具有潜在的创造性。

我从未使用过"非物质劳动"这个词;对我而言这个词似乎有些模棱两可,理论上不一致。后福特主义当然不能简化为一系列以知识改造或"创造性"天赋为特征的特殊专业形

> 象。显然，媒体工作者、研究人员、工程师、生态运营商等等，不管是在现在还是在将来都只是少数。通过讲后福特主义，我要说的是一系列与包括水果采摘户和最贫困的移民在内的整个当代劳动力相关的特征。(Virno in Joseph,2005:29)

随着初期的金融化的进行，在20世纪70年代和80年代，西方世界的去工业化引起了一些现象，主要城市的犯罪率上升，就业关系趋向个性化。在这种背景下，“机会主义、恐惧和觉醒”等感觉成为主流(Virno,1996b)。当地的政治经济精英适应并深化了后福特主义时代的资本主义、劳动和相关生活方式的社会重建。这个“社会化”任务的表现形式可以分为两种：首先，是空间干预，它推崇城市再生的地方性举措。一方面通过激进的警察治理策略(集中体现在20世纪90年代由朱利安尼[Giuliani]市长在纽约支持的零容忍运动，以及布隆伯格[Bloomberg]市长在随后十年的延续)，另一方面通过利用当代城市的消费和娱乐潜力，包括各种城市环境，如滨水区、历史中心、前工业区，还有最引人注目的新波希米亚风格住宅，来防止犯罪和社会越轨。其次，是社会干预，旨在通过言论动员来宣扬创造、交际和热情好客的品质，以吸引专业人才和消费者，重建福特-凯恩斯主义社会契约解体后当代资本主义城市的社会基础。

宣扬这些品质并不是通过政府对公共教育机构的财政支持这类方式来实现的，正相反，公共教育机构的资金越来越少，尤其是对于贫困的城市来说。例如，芝加哥州立大学(其校园位于芝加哥南部的一个贫困地区)吸引了非常多非裔美国学生和西班牙裔少数族裔学生，最近已经宣布其由于“州政府预算问题”而陷入了“财务危局”(Cohen and Garcia,2016)。

创造、交际和热情好客的企业方法是当前决策者和城市管理者在处理以知识为基础、以消费为主导的新正统观念。这种实现当代城市主义的方法不会受到公共政策的质疑。公共政策必须优先考虑营销活动，建立伙伴关系和促进亲商城市再生计划。在这种情况下，交际和好客的想法纯粹作为工具使用。例如，欧洲城市习惯性地争取国际游客和其他为其经济发展做贡献的游客的注意力，但是对于难民和无证移民，特别是那些信仰伊斯兰教或其他宗教的移民而言，他们并不那么好客，这与所谓的西方自由和现代价值观相反（Massad，2015）。

创意文化城市的崛起源于这两种作用的综合结果。创造性城市主义思想在20世纪80年代和90年代已经流传，但他们的重点是在“城市危机”背景下重建大多数去工业化城市的物质环境（Landry and Bianchini，1995）。在21世纪初期，理查德·佛罗里达创意阶层理论为城市政治经济精英提供了一个强大的工具包，来处理后福特主义资本主义的语言和交际转向。在这种背景下，城市政府开始调动一系列广泛的空间治理工具（营销策略、标志性事件、城市更新任务），以及其顾问（城市发展机构、文化基金会、顾问）提供的统计指标中获得的经验证据：城市管理在高级自由主义社会中成为一门艺术。因此，城市治理不是一个固定的机构、组织以及相关的合同关系，而是作为一个运作基地，将城市居民变成在公共领域负责行事的行动者，使他们的机构重新适应社会化城市主义的理念。从这个意义上讲，我们必须把“创意阶层”理解为一种霸权工程和积极的社会建构。从本质上讲，针对创意阶层的政策暗含着一种集结的过程：宏观意义上的参与者——创意阶层就是通过建立联系而从有到无的，尽管这些参与者之前没有明显的联系，甚或存在利益冲突（Ponzini and Rossi，2010）。这种人为制造阶层的做法，也意味着对“社会化的城市”中大部分劳动者的话语权的剥夺。正如阿甘本所指出的那样：

> 在旧政权中，人类交往实质的疏远被证实为一种具有共同基础（民族、语言、宗教等）功能的预设，而在当代国家，恰恰是这些共同的沟通能力、共同的通用的实质性的东西（语言），构成了一种自治的氛围，在一定程度上，构成了生产周期的基本要素。（Agamben，2000：114）

2013年，在旧金山发生的针对谷歌巴士的坚定的小规模示威活动（见第三章），以及同年春天在巴西主要城市爆发的大规模起义，都是年轻人领导的，旨在抗议公共交通大范围的票价上涨，以及将本应花费在健康、教育和社会服务中的公共资金消耗在足联世界杯上。这些行为可以被视为“捍卫公民权利的行为”，是他们在后福特主义“社会化的城市”中对话语权被剥夺的回击。按照恩斯·伊辛（Engin Isin）的说法，公民捍卫权利的行为是“特定情况下的断裂”，特别是那种“使（行为制造的）参与者留在现场而非逃离的断裂”（Isin，2008：27）。2011年以来，在世界范围内的很多城市爆发的诸如此类的活动及其他抗议活动，证明了他们一直在场，也把这些关键的事实带到了公共论争的前沿，其中包括日益加剧的不平等问题，这种问题与后福特主义时代的资本主义城市化形式相关（即，创新性的、高科技的城市化，自然伴随着城市内部不断增加的社会空间隔离，以及城市之间不断加剧的区域不平衡），更与普遍意义上的全球资本主义有关（收入和财富集中在少数人手中）。托马斯·皮凯蒂（Thomas Piketty）的著作《21世纪的资本》（*Capital in the Twenty-First Century*，2014）在美国市场乃至全球取得了意想不到的成功，展示了20世纪财富分配不均如何不断加深，尽管战后几十年也见证了凯恩斯主义社会国家的崛起(正如本书引论中所述，“凯恩斯主义例外”)。这本书的出版与成功证明了公众舆论的彻底改变，这些批评的声音花了将近20年的时间才在公众辩论中获得认可。2008年金融危机之后，全球经济的衰退在使人们清楚地认识到资本主义矛盾上发挥了重要作用，尽管它在欧洲、美国——间接地，还有印度等新兴经济体，以及2000年“进步梦想”破灭之后越来越多的南美国家——也助长了威权主义(authoritarian impulses)冲动以及自由市场的回归(free-market revanchism)。

为了理解资本主义现状，特别是从城市表现和它特有的矛盾的角度看，大家都特别关注全球性的经济危机(俗称大萧条)，认为这一事件导致资本主义不再把社会纳入生产的范畴，给资本主义社会化强加了变数，这种变数表现为规范化了的“例外状态”，其中，剥夺已经成为以紧缩为主的城市社会关系的规范(norm)。

被剥夺的城市

大卫·哈维在他的一本书(2003)中，批判性地审视了他所谓的“新帝国主义”，他借鉴马克思主义的“原始积累”理论，对资本主义在当前新自由主义全球化时代的动态，提供了一种理论上有洞见、政治方面也说得过去的解释。在马克思的《资本论》(Harvey, 2010)及其他经典的马克思主义著作中，比如列宁的《俄国资本主义的发展》(*The Development of Capitalism in Russia*, 2004)和罗莎·卢森堡(Rosa Luxembourg)的《资本积累论》(*The Accumulation of Capital*, 2003)，原始积累概念与资本主义作为一种生产和社会再生产模式的历史上升有关。按照这种传统的观点，原始积累是通过强行将工人与生产工具分离以及资本家强行占领土地和公共资源实现的，无产阶级也由此产生，除了靠出卖自己的劳动力谋生外，无产阶级没有任何其他商品可卖。这就是18世纪和19世纪，在那些率先进行工业革命的国家，导致“资本主义产生”的历史道路的独特特征(Perelman，2000)。随着工业化进程在地理上的扩张，资本的原始积累开始严重依赖国家补贴和政府订单，就像卢森堡(2003)最先提到的19世纪末的俄国那样。

因此，原始积累的概念通常与资本主义在历史上的崛起以及它的地理扩张紧密相连，在马克思的时代，资本主义已经扩张到了当时的殖民地这些非资本主义环境(例如，通过贩奴和所谓的“贸易”，把非洲人运到殖民地的种植园)。马克思本人显然也有些犹豫，不知道是否该把资本的原始积累视为一种不断发展的现象，这种现象超越了特定的时空，也就是传统上划分的资本积累的早期阶段和资本主义生产关系向非资本主义地区的扩张(Perelman，2000)。因此，哈维一直在理论上试图证明这一概念的持续相关性，并用它来揭示新自由资本主义在当代的动态。哈维的著作标志着一个转折，它意味着批判性的地理学家和其他社会科学家已经理解原始积累这个概念。在对新自由主义资本主义的分析中，哈维认为，资本主义在全球化时代的扩张过程，等于是重新启动了长期存在的原始积累的动态过程，其中包括马克思最初描述的那些：

> 土地的商品化和私有化以及对农民的强制性驱逐；将各种形式的财产(共同的、集体的、国家的，等等)转变为专有的私有财产；剥夺对公地的权利；劳动力的商品化以及对不同的

（原始的）生产消费方式的压制；殖民地、新殖民地和帝国主义对资产（包括自然资源）的占用过程；交易和税务的货币化，尤其是在土地方面；贩奴、放高利贷和国债，甚至是信用体系都是原始积累的极端手段。（Harvey，2003：145）

在过去的30年中，随着新自由主义的出现，这些行为似乎在全球北方国家和全球南方国家同时发生了，使得当代世界也以全新的整合方式，越来越全球化（Glassman，2006）。在印度和墨西哥这些新兴的资本主义国家，农民离开了自己的家园，而在西方资本主义国家，知识产权越来越受到重视，公共服务（比如住房、电信、教育等）也越来越私有化（Harvey，2003）。

"剥夺性积累"一词，最初是指农村和半城市化地区的土地侵占行为，但是现在，这种做法已经扩展到了资本主义在城市的发展动态和社会空间的重组过程。城市环境中的伸士化趋势和地租不断上涨的过程，也可以用马克思的理论来解释，在政府企业化的语境下，哈维对马克思的原始积累理论进行了再思考，也对资本主义对建成环境的改造进行了更具一般性的理论化，而资本主义改造的驱动力就是过度积累和贬值的周期性更迭（López-Morales，2010）。尽管没有明确提及马克思主义的原始积累理论，但是，"剥夺"一词本身就是指资本主义城市中，由于驱逐法令或无形的市场机制而导致的低收入居民长期流离失所的状况。考虑到剥夺和收回（或"丧失抵押品赎回权"）这两个词语之间在构词上的关系，也鉴于其源头以及金融化的资本主义在次级抵押贷款市场的持续反响，"剥夺性积累"这一概念已经与最近的全球经济危机密切联系起来了（Strauss，2009）。在批判性的城市学者眼里，最近这次经济危机的具体特点证明哈维的观点是站得住脚的，长期以来，哈维一直认为，基于融资的（资本的次级循环）资本主义与城市化的战略性共同体是对抗经济发展周期的调节器（Hernandez，2009；Buckley，2012）。在这种语境下，“剥夺”被视为资本主义对危机的反应（由银行和房产所有者导致的破产居民的流离失所），而危机则是金融化的资本主义及其相关的“贷款买房”现象之自相矛盾和自相毁灭的结果（Aalbers，2008）。

在美国，早在2007年至2009年的经济危机之前，受到不断的驱逐或者被迫离开自己生活的地方，就是社会上最弱势的群体的一种通常的生活方式，尤其是那些租住在市中心黑人社区的贫困家庭（Desmond，2012）。然而，2008年爆发的住房和金融危机导致美国和其他受房地产泡沫破裂影响的国家，比如爱尔兰和西班牙，出现了大量因为收回而被剥夺的现象。在西班牙这种受灾最为严重的经济体中，驱逐现象已经变得十分普遍，以至于2009年在巴塞罗那爆发了一场大规模的社会运动，抗议由于房地产市场的崩溃而产生的越来越多的驱逐事件，这次运动的领导者阿达·科洛（Ada Colau）也在2015年当选为巴塞罗那市的市长，而她之前是不参与任何党派的。巴塞罗那一直是一个很受人欢迎的旅游城市，主要也是因为它抓住了1992年举办奥运会的商机，但在2009年，由于剥削性的抵押贷款规则，房地产市场愈加恶化，也因而发生了大规模的社会运动（受贷款折磨的人们发表意见的平台），抗议驱逐。2009年之后，巴塞罗那高举“叛逆的城市（rebel cities）”的大旗，竟然成了草根阶层反紧缩政治运动的模范（见Harvey，2012），特别是在经济步履维艰的南欧地区（在意大利，那不勒斯是另一个地方政府与激进的社会运动相结合的成功典范）。

在美国，剥夺式积累不仅表现为房屋被银行收回，还有日趋严重的教育排斥（见上述芝加哥州立大学的案例）和种族隔离，这些都特别牵涉到了历史上就一直遭受种族歧视的少数族裔，如非裔美国人，尤其是那些居住在遭受大萧条重创的城市的人，在这些城市，住房和就业都面临着严重的危机(Brewer，2012；另见第三章)。2013年以来，在多次发生警察暴力事件，特别是在佛罗里达州的桑福德、密苏里州的弗格森以及纽约史坦顿岛的非裔美国人聚集地，手无寸铁的黑人被杀之后，一个新民权运动在全国很多地方获得了支持，他们的口号是："黑人的命也是命。"(Day，2015)值得注意的是，以上提到的所有事件都发生在住房危机和其他社会矛盾、种族冲突比较深重的大都市区，例如，佛罗里达州中部围绕奥兰多周边的大都市区、圣路易斯大都会区的北部，以及纽约市种族隔离非常严重的社区。与此同时，随着住房市场的复苏，一些城市的房价又开始飙升，使得越来越多的非裔美国居民不得不搬到更加便宜(但是不太受欢迎)的城区。这种被迫移居在旧金山等地受到了那些比较激进的非裔美国人的抵制，这种少数族裔的对抗行为可以追溯到20世纪60年代早期开展的城市更新计划(Finamore，2016)。不管是过去的民权运动，还是现在的"留在原地的权利"动员令，都是对本质上双重的权利剥夺的回应。家园、人权和教育权利被剥夺，可能会导致被剥夺者通过参加抵制运动和团结协作的手段，参与到对可持续发展环境的追求中(Butler and Athanasiou，2013)。

非裔美国人社区被重新边缘化的现象只是冰山一角，它牵涉到一大批的低收入群体，在紧缩的城市化背景下，国家执法部门更加恶劣，按照洛伊克·瓦坎特(Loïc Wacquant)的说法，这也是新自由主义政权一个非常鲜明的特征(Wacquant，2012)。由大萧条带来的新一轮的紧缩措施在欧洲(南欧的形势最严峻，不过，在英国、爱尔兰和芬兰这些北欧国家也有)和美国(从2008年开始，从加利福尼亚到密歇根，美国各地有很多市、县的公用事业机构以及县级医院和学校等特殊机构相继宣布破产）的实施，可以被看作是剥夺作为生活的一种形式的逻辑的延伸，尤其以弱势群体相对于作为一个整体的市政管理为特征。正如杰米·帕克所指出的那样，最近这一轮的城市紧缩政策不仅仅是20世纪70年代和80年代的替代品，它们已经在新自由主义社会中根深蒂固，而当前这个新自由化了的社会也早已经历经前几轮紧缩政策（比如政府规模的缩小和城市发展的金融化）的改造（Peck，2012）。

与此同时，正如毛里齐奥·拉扎拉托所指出的那样，紧缩时代正好与主权的回归以及新形式的“大政府”同时出现，这种“大政府”是通过社会中的中央集权和政府的高度干预而实现的：在美国出现了加强执法措施的现象，这一点因为“黑人的命也是命”运动才引起人们的注意；而且，在欧盟，也越来越多地增加了审计评估和支出监控环节，并开始实施长期的财政整顿计划（Lazzarato，2012）。在这种背景下，国家以复苏经济之名，通过越来越具有侵略性的问责和透明的程序，甚至会以经济合理性之名，暂时取消地方政府的行政管理能力，重申它对公民生活的控制权力（*The Economist*，2011）。这样一来，国家可以将市政一级的主要职能移交给不用负责的市场参与者，有时候，纯粹的金融实体，比如美国的私募基金公司，已经接管了越来越多的公共服务，比如急救和消防等（Ivory *et al*，2016）。

因此，在“新自由主义晚期”这样一个阶段，剥夺成了调节社会和制度关系的组织原则：在这个阶段，全球经济危机对政府-公民关系的持久影响力，深深地布及新自由主义的各个角落。也正是在这种背景下，城市见证了剥夺和被剥夺者的抗争这一“双向运动”，这一现象深深地影响到了地方政治，在合作经济莫衷一是的表现形式中也有所反映，在后衰退时期，合作经济在城市如雨后春笋一般涌现，关于这一点，下一个章节将会讨论。

复苏的城市

在过去十年的时间里，当代城市见证了紧缩政策与受增长驱动的政治之间的矛盾：一方面是，2008 年金融危机给城市环境带来了严重打击，除了社会空间重组（失业、经济萎缩和住房市场停滞）之外，地方政府为了应对国家层面和国际组织（特别是欧盟）的开支压缩政策，纷纷采取财政缩减政策，另外，政府财政预算负债过高也导致政府财政压力重重；另一方面，在同一时期，城市和大都市区作为资本主义的经济文化引擎，也以两种密切相关的方式扮演了一种新的角色：一种是在城市中心地带形成的、以初创企业为主的高新技术开发区，一种是以技术为基础的共享经济现象。

正如本书整本书都在讨论的那样，这两种现象在世界上许多城市迅速蔓延，从而成为一种真正的全球性经验。在这里，我们首先要说的是，在世界各地激增的高科技初创企业现象。不同的研究资料都确认了以下这些不同的地域环境出现的领先的“初创城市”：从南美洲（如圣地亚哥、里约热内卢和圣保罗）到欧洲（伦敦、柏林和巴黎），再从亚洲（特拉维夫、伊斯坦布尔、迪拜、新加坡市和深圳）到非洲（拉各斯和开普敦）。在很多方面，最初的模范城市是特拉维夫，不在美国本土，在特拉维夫附近的海法镇有一所技术学院，就是以色列理工学院，在它的影响下，出现了很多以技术为导向的企业，这在以前是没有的。然而，近几年来，美国的纽约、旧金山和波士顿等领先的高科技城市，一直处于《经济学家》杂志所称的“寒武纪时期”的中心：

> 初创企业是新兴的回归城市运动的主力军。越来越多的年轻人逃离郊区的生活模式，搬到时髦热闹的城区，城区就成为新企业的滋生地。甚至连硅谷的重心也不再是沿着101号高速公路的偏僻地区，而是市场街以南的旧金山。(*The Economist*, 2014:2)

初创经济在城市的兴起，表明资本主义经济在城市步入了复苏阶段。这些城市高科技创业者在融入当地化的社区和经济“生态系统”的同时，也在通过社交媒体和跨国网络界定自己，打造自己的全球归属感，这一点不同于第一代后福特主义企业家，他们往往把自己的视野局限在当地区域范围内。

总而言之，由于资本主义经济在本质上就是一个不稳定的经济体系，因此，大的经济危机及其随后的发展途径就是重新嵌入和去嵌入过程(re-embeddedness and dis-embeddedness)的关键。在许多当代城市，在技术创新领域出现初创企业的现象，自然会牵涉到先前的信息和通信技术与其他技术领域的“创新”企业的衰落，甚至是边缘化，这些企业出现于后福特主义向“信息社会”过渡的前期阶段。例如，在意大利的后工业城市都灵，当地的技术研究所一直处于大学主导的企业孵化过程的前沿，政治经济精英们强调，他们要实现技术导向行业的现代化，向新一代高科技企业敞开大门，这些高科技企业比传统的信息和通信技术行业更加灵活，也更加具有全球视野(Rossi, 2016)。

初创企业现象绝不是一个在全球范围内的自然扩张过程，而是获得了来自不同国家的人才库、基金会和专业网络的积极支持，这些支持大都来自美国，他们致力于传播和宣传活动，对公共领域发挥着强大的影响作用。据报道，2012年创业周末已经在100多个国家帮助组织了 2 000 多场活动，创业周末是一家位于西雅图的非盈利组织，由考夫曼基金会（全球创业经济和城市话语的主要支持者和传播者）赞助。

在 20 世纪 80 年代和 90 年代，所谓的硅谷化项目（科技城、科技园区、信息通信技术区）主要是政策主导下的实验项目，由企业化的国家以一种晚期凯恩斯主义的范式进行（Castells and Hall, 1994），而在新兴的高科技经济体中，团体维度在象征层面上占据着主导地位。例如，在通常被视为“模范高科技城市”的纽约，当地的聚会组织（据称世界最大，拥有 40 000 名成员）每月组织一次重大会议，而由高科技领域的各种技术人员和机构组织的小型活动则基本每天都有。这一团体维度代表着成功高科技经济体的竞争优势，他们受益于所谓的网络 2.0（如社交媒体和专业的网络在线服务）所带来的技术变革以及更广泛的社会变革。根据乔迪·狄恩（Jodi Dean，2009）最初提出的分析框架，我们可以说，这种现象印证了“资本主义的通信”时代，再加上一系列令人向往的幻想，比如，“丰富”（没完没了的信息和创新）、“参与”（每个人都可以创业）和“全员性”（任何人都可以参与其中，不管是纽约的高科技团体，还是其他地方的什么组织），不过，人们也可以加上合作和团体本身。归属于一个团体所产生的兴奋感，是资本主义作为“幸福产业”复兴的核心所在，而归属于某个团体也是初创企业的特征之一，特别是在经历过经济危机和紧缩时代的双重洗礼之后（Davies，2015；另见 Ahmed，2010）。而近几年，在城市，基于科技的生活方式越来越流行，城市也应该在这个制造幸福的过程中发挥核心作用（Florida *et al*，2013）。因此，作为一名科技创业者，需要接受一种基于情感、习惯和关系为特征的“不可或缺的生活方式”，而不是简单地直接开创企业项目。在这里，我们使用“不可或缺的生活方式”一词，旨在将葛兰西（通过杰索普）和阿甘本联系在一起：正如鲍勃·杰索普所指出的那样，葛兰西使用经济整合（整体经济）的概念，指的是经济基础及其相关的社会调节形式的结构变化（Jessop，1990）。同样，不可或缺的生活方式这一概念也意味着，在后衰退时期的新自由主义社会中，生活方式与政府理念的重叠。

然而，如果真的接受官方对这一现象的解释，认为城市中的高科技园区是纯粹的自我组织起来的实体，那也将是一种误导。自我组织的理念是数字时代资本主义文化的另一个支柱（Uitermark，2015）。除了基金会和各种不同类型的咨询机构外，地方政府和国家也发挥着重要的作用，特别是在那些渴望吸引外商及其他支持高科技企业的投资者的城市中。但是，不同于（晚期）凯恩斯时代的技术垄断，城市管理者和国家不再发挥明确的导向作用，而是通过公共话语和宣传策略，来支持这些进程（例如，伦敦在推广其“科技城”的活动中，也是做了大量的市场营销活动）。另外，在人力资本方面，他们也进行了大量投资，重点是强调培训项目，并创建专门致力于高科技教育的、高规格的研究院所（如纽约市长布隆伯格发起的康奈尔科技园项目），在后衰退时期的新自由主义社会中，社会创业化成为促增长城市发展政策的目标。

因此，“复苏的城市”的说法，说明资本主义会利用“有机危机”的机会，如最近这次的“大紧缩”，把自己重新融入社会关系，从而重塑其主流文化和相关的生活方式。共享经济就是把社会和生活本身先进的包容表现作为关键因素，归入资本主义复苏和重塑的过程。所以，共享经济在后衰退时期的蓬勃发展一点都不奇怪。像爱彼迎和优步这样的先锋企业分别成立于 2008 年和 2009 年，但是在美国经济衰退之后特别流行。2011 年，爱彼迎的业务扩展了 126％还多（Wauters，2012），而这一年的经济增长指标 GDP 清楚地表明，美国经济在经历衰退之后，开始再一次增长。这种发展动态说明，包括生活本身的一种先进的包容过程。创业现象在未来可能会涉及无限多的、专业的（有时候可能只是有抱负的）企业家，证明从社会企业化向个人企业化的转变，与此同时，共享经济却见证了米歇尔·福柯之个人企业化理念的实现（Gordon，1991），因为现在每个人都希望用企业的方式从自己所拥有的财产中获利。

这种个人企业化的过程，试图调停两个相互排斥的社会过程：个体化和团体化。一方面，共享经济似乎在推动一种独特的、城市所特有的、向外人开放的感觉：例如，房屋共享经济就是基于将家庭内部空间开放给陌生人的理念，将与陌生人的相遇变成一件令人兴奋的事情，而不是可怕的经历。这就触及了艾莉丝·马里恩·杨（Iris Marion Young）所界定的城市生活的艳遇，她受罗兰·巴特（Roland Barthes）的影响，将城市生活的艳遇定义为"远离自己所熟悉的日常生活，而去邂逅一切新奇的、陌生的、意料之外的事物，从而收获喜悦和快感"（Young，1990：249），也正是这份"喜悦和快感"让共享经济成为极具吸引力的机会。不过，杨也补充说，与陌生人邂逅的快感跟"团体经验正好相反"，因为"在理想的团体环境中，人们感觉比较踏实，因为与他们共享经验、感知和目标的人，认可他们的想法，而他们也认可对方；人们可以从别人身上看到自己的样子"（同上：250）。为了解决这种矛盾和相对的不确定感，共享经济的合作方都会过分地倚重网络团体。然而，这种团体经验最终不过是主办方在互联网空间的自恋式展示。尽管创建"团体"（用乔迪·狄恩的话说，就是一种"生动的幻想"）的尝试有些缥缈，但是，正如福柯所说的那样，"个性化"的过程就是正式的共享经济的典型特征。福柯确实将"个性化管理"定义为"任何将个体与其他人分开、断开他与其他人的联系、割裂他的团体生活、迫使个体回归自身、以一种压抑的方式将他与自己的身份联系在一起的所有事物”(Foucault,1982:781)。

为了应对这种个性化的过程,一大批的合作经济方案已经成型,也进行了不同的“对生活的使用”实验,旨在复苏与个性化的、高度商品化的共享经济相对立的“我们的感觉”。在欧洲城市,还有美国,自发的合作经济方案在紧缩的语境下,已经在草根阶层成型,并且稳定下来,例如,公民的网络体系、合作住房项目、团购以及其他方面的社区管理和所有权共有实验。在互联网的帮助下,合作积极分子已经形成了不同形式的替代型合作经济。特雷博尔·斯科尔斯(Trebor Scholz)在其最近的一篇文章中,已经列出了一些他所谓的“平台合作主义”的例子,这些例子与正式的共享经济和包括所谓的“城市平台合作社”在内的更大的网络 2.0 的“平台资本主义”相对立(Srnicek,2016),他把它界定为“城市设计的软件或企业,类似于爱彼迎,可以作为在线市场,由那些把空间租给旅行者的人拥有并且民主地控制”(Scholz,2016:16)。在网络之外,在真实存在的城市空间里,近几年来,人们同样对合作住房项目产生了浓厚的兴趣,城市居民“在陌生的资本主义城市景观的重压之下,编织了一个新的信任和关怀的网络空间”(Huron,2015:977)。这些社会项目令人忍不住质疑伊丽莎白·伯维内利(Elizabeth Povinelli)所谓的“晚期自由主义中的道德实质问题”,即“在一片紧缩的社会飓风下,各种不同的生命形式的忍耐问题,生存问题就更不用说了”(Povinelli,2011:14),或者像吉奥乔·阿甘本(见本章前面部分)、安东尼奥·奈格里和弗雷德里克·洛登(Frédéric Lordon)等作者,他们借鉴了斯宾诺莎关于努力的概念,从变革或者维持的意义来界定在现存的资本主义秩序中“存在的毅力(perseverance in being)”(Negri,1991;Lordon,2014)。

因此,这些替代方案说明,人们不应该以单向的、以偏概全的方式来思考当代资本主义中的社会和生活归类过程。不管是学术界内,还是学术界外,越来越多的人认为,替代方案不同于由积极分子组织的志愿行为以及公民自发形成的团体的正式的、以合作为导向的共享经济,这说明当代资本主义社会还是为社会变革提供了很多机会。这些学者忍不住思考:为什么在当代社会,有这么多有关“共有”的后资本主义实验,而且,这些实验都是建立在互惠的基础上,而不是市场主导的、基于财产的交易机制?它们背后的深层含义是什么?他们认为,也许,在实际现存的资本主义社会中,有可能存在着后资本主义(Mason,2015)。在这一领域中,有些学者强调技术在复兴计划中的中心地位,他们研究当前的后资本主义社会运动如何欣然接受技术挑战,而不是像传统的极端团体那样,囿于经验,断然拒绝(Srnicek and Williams,2015)。还有一种更为主流的看法,那就是杰里米·里夫金的观点。在商业领域,里夫金可以说是一位极受欢迎的导师级人物,他曾经在西方政府和欧盟等重要部门担任顾问,受埃莉诺·奥斯特罗姆(Elinor Ostrom)[①]有关公共事务的学院派理论的影响,认为互惠和回报是当代数字技术的核心要素,而网络 2.0 中的合作共谋现象也正说明了这一点(Rifkin,2014)。尽管彼得·德鲁克在 20 世纪 90 年代早期,就有点带有挑衅意味地指出,在社会化的金融资本主义的所有制结构中,存在着后资本主义的可能性,但是,那些强调技术在

① 埃莉诺·奥斯特罗姆(1933—2012),是美国印第安纳大学的政治经济学教授,2009 年,她与加州大学伯克利分校的奥利弗·伊顿·威廉森(Oliver Eaton Williamson)教授一道,被授予诺贝尔经济学奖,是经济学领域中的第一位女性获奖者。——译者注

当代社会被释放出来的巨大潜力的作者依然认为，后资本主义是生活形式中固有的，不仅仅存在于社会交往的形式中，而且，还深入地体现在变化不居的生活方式中，我们可以把它理解为人们对生活的不同使用方式，以及他们在基于技术的日常经济中所扮演的多重角色。

然而，科技公司却在这种共有生活（communal life）理念中嗅到了商机。自 2015 年以来，在纽约布鲁克林的威廉斯堡和皇冠高地等时尚街区，建立起了以营利为目的的共居（co-living）空间，同时，在费城的斯普林加登和伦敦的北阿克顿等发展不太成熟的地区，也建立起了这样的共居空间（Kaysen, 2015; Kasperkevic, 2016）。其中，有一家公司明确地把共有概念融入它的品牌中，同时，又像爱彼迎一样，复制了家庭共享经济冠军的沟通风格；而另一家公司则在一座高层建筑中开启了一项名为"集体（The Collective）"的共居业务，并承诺要为"伦敦人提供新的生活方式"。

总结

在这里，我们分析了城市所呈现出来的各种资本主义变体，这种分析不同于以往的资本主义变体理论，也从三个方面丰富了对新自由主义多样性的解读。首先，尽管这种分析是建立在新自由主义一统天下的基础之上，但是，它不认可资本主义变体理论中的学院派的地理决定论，这种研究方法在当前的城市和区域研究中依然占据主导地位，他们或者把变体看作是与某个具体的民族国家、区域空间或者宏观区域相关的经济和社会治理的理想模式，或者把变体当作理念、政策和专业知识在不同地理区域流动的结果。

其次，这种分析把新自由主义看作是一种执政理念，它与知识密集型资本主义的形成(尤其是其社会化的生物政治经济以及相关的社会及个人的企业化现象)密切相关,而不是那种在政治经济精英的推动下在全球范围内流动的外部力量,就像多样化的新自由主义方法以及相关的系列研究,比如,关于政策流动在全球城市化形成中的角色的探索和研究(见第二章)。

最后,这种分析对当前的资本主义社会提供了一种“当下性”的观点(也就是本书在引论中提到的“当下即历史”的观点),这种观点可以被理解为固有的不确定性的形成,反映了全球经济中快速变化的宏观经济条件以及由此产生的不同的政治选择。由此,这里提出的方法成功避开了目前依然占据马克思主义理论舞台的历史主义的诱惑,包括它的后辩证主义构想以及依赖于道路选择(path-dependency)的学院派构想。一言以蔽之,全球资本主义的演化可以理解为一个复杂的分层过程,而不是一条线性轨道,也因而形成了一种矛盾状态,这种矛盾的政治内涵将会在本书的结论部分做进一步的分析。

结论:生活在矛盾的年代

本书论述了在高度全球化和晚期新自由主义时代,城市与资本主义之间的关系。这种关系之所以形成当前这种状态,是与2008年金融危机及其影响(特别是人们通常所说的全球经济"大紧缩")分不开的。在撰写本书的时候,距离全球经济危机的爆发已经8年了,世界经济还远未达到全球经济危机前正常的GDP增长水平。尽管停滞的低增长状况似乎仅限于欧盟,但是也有观点认为,即便是更为稳定的美国经济也存在着结构性的弱点,主要是与金融化的弊端有关,这迟早会导致另一场重大危机的发生。与此同时,许多新兴市场的经济放缓,以及威胁全球安全的事件如气候变化、新一轮反对西方的恐怖主义和一些尚未解决的地缘政治紧张局势等,加剧了人们对于全球资本主义增长乏力以及可以感知到的经济状况不稳定的担忧。这种情况尤其影响到了中产阶级,不管是在西方富裕国家,还是在发展中国家,由此导致了新形势下的经济民粹主义,与此同时,"看不到未来"的青年一代和少数族裔也纷纷举行抗议活动，因为他们的工作条件不稳定、住房困难、收入低廉，也面临着越来越高的债务危机。

在这种背景下，有人指出目前的经济状况导致了政治上的矛盾对立发展，也很正常。一方面，出现了一种“沙文主义的民粹主义”浪潮，这一点在美国，特别是在唐纳德·特朗普被成功提名为共和党派的总统候选人之后，表现得尤为明显，这种浪潮也同时体现在后政治时代由普通民众领导的党派等相关现象（如意大利的五星运动）以及在欧洲兴起的新一轮的新移民恐惧症，还有印度越来越专制的政治倾向，以及英国在伦敦前市长鲍里斯·约翰逊和独立党领导下的成功的反欧盟（脱欧）运动。另一方面，自 2011 年以来，新一轮的转型政治大行其道，特别是在应对当代资本主义社会特有的、日益突出的不平等问题上，从激进的占领华尔街运动到巴黎最近发生的“黑夜站立”抗议活动，也正是这些发生在全球范围内的林林总总的“深度民主”运动把各种不平等问题带到了桌面上（Purcell，2013）。

这些政治和社会现象可以看作是同一枚硬币的两面：前者可以看作是后者的（畸形）复制品。两者是完全对立的，但同时，一个又是另一个的映像。主流媒体指出了二者的民粹主义特点，也就是说，无论是受到美国茶党启发的新保守派，还是受到 2011 年后的社会运动启发的新进步党领袖（美国的伯尼·桑德斯[Bernie Sanders]、英国的杰里米·科尔宾[Jeremy Corbyn]、西班牙的巴勃罗·伊格莱西亚斯[Pablo Iglesias]、希腊的阿莱克西斯·齐普拉斯[Alexis Tsipras]和雅尼斯·瓦鲁法克斯[Yanis Varoufakis]），都已经把草根阶层的主张带到了政治舞台上。但是，我们可以基于对当代资本主义的分析，对这种矛盾现象做出更具实质性的解释。1993 年，也就是贝卢斯科尼进入意大利政治舞台的前一年(此后他在这个舞台上竟然盘踞了二十五年之久),一本有关政治理论的非学术期刊——《公共场所》(*Luogo Comune*)诞生了,但是,该杂志存在的时间很短,保罗·维尔诺和吉奥乔·阿甘本比其他人都更积极主动,该杂志曾发表一篇未署名的集体社论,题目是《新欧洲法西斯主义论》('Theses on New European Fascism'),该文提出了以下观点:当代法西斯主义是过去几十年的代议制民主危机中产生的政治变革观念的"孪生兄弟",还是"令人不安的孪生兄弟"。有鉴于此,它不能再像20世纪20年代和30年代时那样被视为一个以国家为中心的政治意识形态项目,而应被看作是对现代主权受到侵蚀的的病态反应,随着后福特主义经济的到来,劳动关系的解除与生产的社会化成了强调的重点,而沟通和语言都被当作生产力来使用(*Luogo Comune*,1993)。实际上,《公共场所》在阐述这些论点时,并不是指极右运动,甚至也不是在指贝卢斯科尼(因为那时候他还没有从政,尽管他在政界的上升之路仅在一年以后便开始了),而是在指20世纪90年代早期,意大利从第一共和国过渡到第二共和国时期所表现出的广泛的反政治立场。

这些历史与今天正在发生的事情有着惊人的相似之处。许多评论人士已经注意到了,唐纳德·特朗普好像是贝卢斯科尼的翻版,现在,甚至连主流媒体都在警告美国存在的法西斯主义风险(Douthat,2015;Kagan,2016),尽管他们的分析为新形式的法西斯主义所赖以生存的社会经济基础蒙上了一层面纱。在后福特主义和新自由主义时代,城市及其社会布局是这些基础的重要组成部分。如果我们把特朗普和贝卢斯科尼做一个对比,这一点就会显而易见,至少在表面上是这样的。特朗普的商业轨迹始于建筑业,主要是跟名为"米兰二号"的"隐私之城"项目有关,该项目的创意产生于20世纪70年代，目的是在郊区复制米兰这个城市富足的生活方式。在随后几年，他成了大众传媒界的大亨，之后又开始进入政界，就像他当初从建筑界转到传媒界一样，尽管他作为商人的名气主要是跟建筑相关，而不是传媒，比如，他的成名之旅始于曼哈顿的标志性建筑特朗普大厦，而贝卢斯科尼可以被看作是抓住了后福特主义时代的通信转折点而成为一名“政治企业家”(Lazzarato，1994)。贝卢斯科尼和特朗普的成功之路，都验证了城市作为当代后福特主义时代资本主义之根本的观点，在当代后福特主义的资本主义中，城市作为一个高度金融化的部门，不仅在建成环境方面提供了投资机会，而且，还提供了可以从社会中提取的认知和交往的资本。但是，特朗普跟贝卢斯科尼一样，只是当前“新法西斯主义”浪潮中最明显的表现，这股浪潮席卷了西方政治以及更广泛的社会，在白人中产阶级中激起了复仇主义情绪。正如《公共场所》极具先见之明的诊断所言：“后现代法西斯主义并非存在于政府办公室的封闭房间里，而是像万花筒一样，存在于各种千变万化的城市生活形式中”(*Luogo Comune*，1993：6)。

在最近这次的全球经济危机期间，意大利的“大都会法西斯主义”症状表现得特别明显，当时贝卢斯科尼的政治生涯已经在走下坡路。2013年12月，在以紧缩为主导的经济和社会结构调整过程中，意大利城市出现了对社会的大量不满情绪，这次不满情绪的爆发不像之前的经济危机那样由工会或进步政党领导，而是由自发组织的、经济穷困、政治上又未被充分代表的中产阶级领导，包括小承包商、街头小贩、个体经营户和失业青年。早在几十年前，作为一个前福特主义城市，都灵就以工人阶级的突然爆发而知名(1962年7月，在都灵的法律广场爆发了一场突如其来的工人暴动，也因此拉开了意大利工人阶级的罢工浪潮，从1969年一直持续到 20 世纪 70 年代末)，而这一次，都灵再一次成了抗议活动的据点，整整两天的时间，绝大多数商店和街头市场都关闭了，但是，整个过程都没有官方工会的参与，遍布全城的都是自发的抗议活动。而且，之前罢工常常使用的红旗也被换成了意大利国旗，尽管数量仍然有限。这些事件及其所引发的绝望和对社会的不满情绪，与卡尔·波兰尼所描述的历史上的法西斯主义极其相似，他写到，法西斯主义就像一个幽灵，不断地光临疲于应付的资本主义社会，特别是在市场经济的自我调节机制遭遇失败的时候："法西斯主义是一个永远存在的政治可能性，自 20 世纪 30 年代以来几乎每一个产业领域都可能瞬间爆发的情感反应。人们称之为'行动(move)'，而不是'运动(movement)'"(Polanyi，2001：247)。

本书的目的是更深入地考察与当代资本主义相关的生活方式，这种生活方式会同时导致法西斯主义幽灵的复活，引起新的政治变革。因此，本书会深入这种可见的生活方式背后，追根究底地质询今天越来越复杂的城市-资本主义共同体，因为它们就是矛盾所在的中心。我们首先确立了这个共同体的基础(也就是第一章所探讨的企业家精神、金融力量和认知资本在很长一段时间内的"兴起")，探究了它不断演变的全球维度(第二章)，它的短期延续性以及在全球范围内的地理扩张(第三、四章)，并在第五章分析了城市是如何成为主要阵地，使社会企业化和个人企业化这些新自由主义计划变成现实。如本书第五章所述，2008 年的危机彻底清除了 20 世纪遗留下来的普遍主义残余，例如，福利国家和代议制民主。在西方，尤其是那些深受经济危机重击的地方，最近这一轮的财政紧缩浪潮已经干预到了已经新自由主义化的社会，让人们产生了双重的剥夺感。在新兴的经济体中，经济动荡正在打破人们的幻想，他们原本认为，从依赖出口转型到以消费为先导的经济发展模式是没有痛苦的，而最近的商品危机却让人们意识到了依赖原油进口的国家是多么不堪一击，也因此激起了南美洲和中东国家的独裁冲动；实际上，不堪一击的不仅仅是依赖原油进口的国家，全球经济作为一个整体，也是如此，因为全球经济与其自身的通货紧缩倾向有关，也反映了早先人们对新形势下的民族主义政治的担心，罪魁祸首自然是越来越高的燃油价格和预期中的原油供应短缺(Mitchell，2011)。

受制于这些不同的驱动力，全球资本主义社会正在经历新一轮的个性化进程，特别是那些扎根于城市的经济模式。对团体的广泛吁求，还有绝望的期盼，都源于这种瞬息即逝的归属感，而所有这些都是个性化进程的结果(Joseph，2002)。然而，正如米歇尔·福柯首先指出的，在先进的自由社会，个性化的政府会隐瞒团体的存在(见第五章)。创业和共享经济现象，以及那些在后衰退时期大量涌现的以共有为目标的合作举措，都有力地证明了个性化经济是如何以不同的方式，打造一个理想的团体：从创业企业家们组织的活力四射的聚会，到共享经济提供的基于网络的社交机会，再到草根阶层的种种"共享"实践。

乌尔里希·贝克(Ulrich Beck)和社会学家伊丽莎白·贝克-甘茨海姆(Elisabeth Beck-Gernsheim)合作出版了一本书，收集了他们从 20 世纪 90 年代到 21 世纪早期的一些文章，主要是关于当代"第二现代性"的个性化进程，他们认识到了当代社会结构的矛盾，"成为个体"的经验，既可以是一个自我隔离的过程，也可以是一个融合和独立的过程(Beck and Beck-Gernsheim，2002)。从他们的角度看，人们应该清楚地区分两种相互矛盾的对于个性化的理解：一种是对自由市场的个体所秉持的新自由主义观点，与"盎格鲁-撒克逊社会"是一致的；另一种是他们所谓的"体制化的个体化感觉”。前者与孤立的个体化(atomization)[①]的功利主义体验有关;后者则反映了第二现代性的镜像社会(reflexive societies)转变,在这种社会中,“个体不是单一的个体(monad),而是有所欠缺(self-insufficient),越来越需要跟他人捆绑在一起,包括在世界范围内的网络和机构的层面上”(同上:xii)。乌尔里希·贝克和安东尼·吉登斯(Anthony Giddens)分别倡导的“次政治(sub-politics)”和“生活政治”,都集中在一点,那就是赋予具有自我反思能力的个体以权力,让他们能够掌握自己的命运,但是,所有这一切都需要建立在规范的前提下,那就是一个开明的公民社会,在应对由于“杂乱无章的资本主义”的到来而导致集体团结瓦解的时候,把个人利益置于公共论争的中心(Giddens,1991;Beck,1997)。

不管是贝克、吉登斯,还是哈贝马斯,或者19世纪90年代对社会-自由持乐观主义观点的理论家,大家都把新自由主义看作是一种退行性力量(degenerative force),可以通过谋求对话和共识来避免,从而理性地解决与生活有关的争议。本书则把新自由主义的治理方式看作是与当代城市主义密切相关的,它已经成为知识密集型资本主义的一个重要组成部分,不管是以正面的方式,还是负面的方式:被剥夺、错置和重新融入的过程与经济复兴和新的资本主义主体性的诞生叠加在一起,当然,这借助于城市认知资本的力量。社会-空间不平等的再生产,与城市经济发展的新面目是分不开的,而城市经济的发展也在为城市社会这个“联合体”提供资本支持。在经济衰退后的几年中,由于各种体验经济的出现,城市经济也经历了深刻的变革,生产与消费之间、劳动时间与休闲时

① atomize的意思是,to reduce something to atoms or small pieces,我觉得与individualize有异曲同工之效,所以,就直接翻译成了“个体化”,不妥之处,敬请原谅。——译者注

间之间的传统界限，变得日益模糊。但是，现有的各种规定始终有利于追逐利润的策略，只不过将风险从公司转移到了正式招募的作为独立承包人的员工身上（在美国，在这种新经济模式下提供服务的那些人，通常都是居住在大城市的少数族裔和其他居住在城市的弱势群体：Steinmetz，2016b），因此，劳动保护被削弱了，工资也被拉低了（Asher-Schapiro，2014）。此外，正如本书整本书都在讨论的，尽管城市作为社会创新的源泉，整个被动员了起来，但是，新自由的理性还是仅限于一些圈内的人（有时候被称为“创意阶层”，有时候又被称为“城市技术人员”，或者“智慧的劳动者”），只有他们才有资格来代表城市社会的创新性。公共知识分子不愿意承认，当代资本主义这些相互交织的对立和矛盾。因此，在个性化的新自由主义逻辑下，资本主义社会潜在的合作意愿仍然没有得到充分表达，或者没有被充分利用，而对中产阶级的过度剥削则将社会挫折和种族主义情绪传输到了公共领域。

在当代新自由主义社会中，即便是“共有”概念，也无法幸免于价值化的利润驱动，或者对所谓的“共有物品”设置使用限制。在危机后的转折时期，公物可能被调用，以实现相互排斥的目的（见Enright and Rossi，即将发表）：强化个性化的拥护市场逻辑，更新资本主义的抽租逻辑（rent-extraction logic），就像新资本主义对共享经济的官方描述那样；共同打造新的生活制度，以应对新自由主义经济崩溃所造成的破坏性影响。因此，按照解放思想的路线，将城市生活重新政治化，对揭露新自由主义统治下的全球城市状况中的矛盾和不公，是很有必要的。正如劳伦·博兰特（Lauren Berlant）所说的：“政治问题无异于基础设施的重建，来处理不平等、矛盾、暴力，以及当前存在的一般意外事件”（Berlant，2016：394）。

参考文献

Aalbers, M. (2008) The financialization of home and the mortgage market crisis. *Competition and Change* 12(2): 148–66.

Aalbers, M. (2011) *Place, Exclusion, and Mortgage Markets*. Oxford: Wiley-Blackwell.

Aalbers, M. (2012) (ed.) *Subprime Cities: The Political Economy of Mortgage Markets*. Oxford: Wiley-Blackwell.

Aalbers, M. (Forthcoming) The pre-histories of neoliberal urbanism in the United States. In Morel, C. and Pinson, G. (eds), *Debating the Neoliberal City*. Aldershot: Ashgate.

Aalbers, M. and Christophers, B. (2014) Centring housing in political economy. *Housing, Theory and Society* 31(4): 373–94.

Abbas, A. (2000) Cosmopolitan de-scriptions: Shanghai and Hong Kong. *Public Culture* 12(3): 769–86.

Adorno, T. (1980) Letters to Walter Benjamin. In Bloch, E., Lukács, G., Brecht, B., Benjamin, W. and Adorno, T., *Aesthetics and Politics*. London: Verso, pp. 110–33.

Adorno, T. (2004) *Negative Dialectics*. London: Routledge (1st edn 1966).

Adorno, T. and Horkheimer, M. (2002) *Dialectic of Enlightenment: Philosophical Fragments*. Stanford, CA: Stanford University Press (1st edn 1947).

Agamben, G. (1998) *Homo Sacer: Sovereign Power and Bare Life*. Stanford, CA: Stanford University Press (1st edn 1995).

Agamben, G. (2000) *Means without End: Notes on Politics*. Minneapolis, MN: University of Minnesota Press.

Agamben, G. (2009) *What is an Apparatus? And Other Essays*. Stanford, CA: Stanford University Press.

Agamben, G. (2016) *The Use of Bodies*. Stanford, CA: Stanford University Press (1st edn 2014).

Ahmed, S. (2010) *The Promise of Happiness*. Durham, NC: Duke University Press.

Alonso, W. (1968) Urban and regional imbalances in economic development. *Economic Development and Cultural Change* 17(1): 1–14.

Althusser, L. (2010) *For Marx*. London: Verso (1st edn 1965).

Amable, B. (2003) *The Diversity of Modern Capitalism*. Oxford: Oxford University Press.

Amin, A. and Thrift, N. J. (1995) Institutional issues for the European regions: From markets and plans to socioeconomics and powers of association. *Economy and Society* 24(1): 41–66.

Amos, H. (2014) McDonald's flagship restaurant reopens. *The Moscow Times*, 14 November. Available at: <https://themoscowtimes.com/articles/mcdonalds-flagship-moscow-restaurant-reopens-41542>.

Arrighi, G. (1994), *The Long Twentieth Century: Money, Power, and the Origins of Our Times*. London: Verso.

Arrighi, G. (2004) Spatial and other 'fixes' of historical capitalism. *Journal of World-Systems Research* X(2): 527–39.

Arrighi, G. (2009) The winding paths of capital. Interview by David Harvey. *New Left Review* 56: 61–94.

Aschoff, N. (2015) *The New Prophets of Capital*. London: Verso.

Asher-Schapiro, A. (2014) Against sharing. *Jacobin Magazine Online*, 19 September. Available at: <https://www.jacobinmag.com/2014/09/against-sharing/>.

Audretsch, D. B. and Feldman, M. P. (1996) R&D spillovers and the geography of innovation and production. *The American Economic Review* 86(3): 630–40.

Barber, B. (2013) *If Mayors Ruled the World: Dysfunctional Nations, Rising Cities*. New Haven, CT: Yale University Press.

Barnett, C. (2005) The consolations of 'neoliberalism'. *Geoforum* 36(1): 7–12.

Bartlett, D. (2010) *FashionEast: The Specter that Haunted Socialism*. Cambridge, MA: MIT Press.

Barton, D., Chen, Y. and Jin, A. (2013) Mapping China's middle class. *McKinsey Quarterly*, June. Available at: <http://www.mckinsey.com/industries/retail/our-insights/mapping-chinas-middle-class>.

Basolo, V. (2007) Explaining the support for homeownership policy in US cities: A political economy perspective. *Housing Studies* 22(1): 99–119.

Bauböck, R. (2003) Reinventing urban citizenship. *Citizenship Studies* 7(2): 139–60.

Beaverstock, J., Smith, R. G. and Taylor, P. J. (1999) A roster of world cities. *Cities* 16(6): 445–58.

Beck, U. (1997) *The Reinvention of Politics: Rethinking Modernity in the Global Social Order*. Cambridge: Polity.

Beck, U. and Beck-Gernsheim, E. (2002) *Individualization: Institutionalized Individualism and Its Social and Political Consequences*. Thousand Oaks, CA: Sage.

Beck, U. and Sznaider, N. (2006) Unpacking cosmopolitanism for the social sciences: A research agenda. *British Journal of Sociology* 57(1): 1–23.

Benjamin, W. (2006) The work of art in the age of its technological reproducibility. In Eiland, H. and Jennings, M. W. (eds), *Walter Benjamin. Selected Writings*, vol. 3, 1935–1938. Cambridge, MA: Harvard University Press, pp. 101–33 (1st edn 1936).

Berg, B. F. (2007) *New York City Politics: Governing Gotham*. New Brunswick, NJ: Rutgers University Press.

Berlant, L. (2016) The commons: Infrastructures for troubling times. *Environment and Planning D: Society and Space* 34(3): 393–419.

Berman, M. (1982) *All that is Solid Melts into Air: The Experience of Modernity*. New York: Simon & Schuster.

Blakeley, G. (2010) Governing ourselves: Citizen participation and governance in Barcelona and Manchester. *International Journal of Urban and Regional Research* 34(1): 130–45.

Blitz, R. (2005) Blair's 10-year home ownership goal. *The Financial Times*, 25 January. URL: http://www.ft.com/cms/s/0/0bd6d524-6e76-11d9-a60a-00000e2511c8.html.

Blyth, M. (2012) *Austerity: The History of a Dangerous Idea*. New York: Oxford University Press.

Boltanski, L. and Chiapello, E. (2005) *The New Spirit of Capitalism*. London: Verso (1st edn 1999).

Bontje, M. and Burdack, J. (2005) Edge cities, European-style: Examples from Paris and the Randstad. *Cities* 22(4): 317–30.

Bosworth, M. (2012) Nokia decline sparks Finnish start-up boom. *BBC News*, 13 December. Available at: <http://www.bbc.com/news/technology-20553656>.

Bradsher, K. (2015) India's manufacturing courts the world, but pitfalls remain. *The New York Times*, 14 October. Available at: <http://www.nytimes.com/2015/10/15/business/international/indias-manufacturing-sector-courts-the-world-but-pitfalls-remain.html?_r=0>.

Braudel, F. (1983) *Civilization and Capitalism 15th–18th Century. Volume II. The Wheels of Commerce*. London: Collins (1st edn 1979).

Brenner, N. (1999) Globalisation as reterritorialisation: The re-scaling of urban governance in the European Union. *Urban Studies* 36(3): 431–51.

Brenner, N. (2004) *New State Spaces: Urban Governance and the Rescaling of Statehood*. New York: Oxford University Press.

Brenner, N. and Schmid, C. (2014) The 'urban age' in question. *International Journal of Urban and Regional Research* 38(3): 731–55.

Brenner N. and Schmid, C. (2015) Towards a new epistemology of the urban? *City* 19(2–3): 151–82.

Brenner, N. and Theodore, N. (2002) (eds.) *Spaces of Neoliberalism: Urban Restructuring in North America and Western Europe*. Oxford: Wiley-Blackwell.

Brenner, N., Peck, J. and Theodore, N. (2010) Variegated neoliberalization: Geographies, modalities, pathways. *Global Networks* 10(2): 1–41.

Brewer, R. M. (2012) 21st-century capitalism, austerity, and black economic dispossession. *Souls* 14(3–4): 227–39.

Brown, W. (2015) *Undoing the Demos: Neoliberalism's Stealth Revolution*. New York: Zone Books.

Buckley, M. (2012) From Kerala to Dubai and back again: Construction migrants and the global economic crisis. *Geoforum* 43(2): 250–9.

Bush, G.W. (2004) Acceptance speech to the Republican National Convention. *The Washington Post*, 2 September 2004. Available at: <http://www.washingtonpost.com/wp-dyn/articles/A57466-2004Sep2.html>.

Butler, J. and Athanasiou, A. (2013) *Dispossession: The Performative in the Political*. Cambridge: Polity.

Caldwell, M. L. (2004) Domesticating the French fry: McDonald's and consumerism in Moscow. *Journal of Consumer Culture* 4(1): 5–26.

Calhoun, C. J. (2002) The class consciousness of frequent travelers: Toward a critique of actually existing cosmopolitanism. *South Atlantic Quarterly* 101(4): 869–97.

Camagni, R. (1995) The concept of *innovative milieu* and its relevance for public policies in European lagging regions. *Papers in Regional Science* 74(4): 317–40.

Cameron, D. and Osborne, G. (2015) Here's how to build a home-owning Britain. *The Times*, 4 July. Available at: <http://www.thetimes.co.uk/tto/opinion/article4487691.ece>.

Campbell, T. (2008) Introduction: Bíos, immunity, life: The thought of Roberto Esposito. In Esposito, R. (2008) *Bíos. Biopolitics and Philosophy*. Minneapolis, MN: University of Minnesota Press, pp. vii–xlii.

Caro, R. A. (1975) *The Power Broker: Robert Moses and the Fall of New York*. New York: Vintage Books.

Castells, M. (1977) *The Urban Question: A Marxist Approach*. London: Arnold (1st edn 1972).

Castells, M. (1989) *The Informational City: Information Technology, Economic Restructuring and the Urban-Regional Process*. Oxford: Blackwell.

Castells, M. (1996) *The Rise of the Network Society*. Malden, MA: Blackwell.

Castells, M. and Hall, P. (1994) *Technopoles of the World: The Making of 21st-Century Industrial Complexes*. New York: Routledge.

Celata, F. and Rossi, U. (2009) Industrial districts. In Kitchin, R. and Thrift, N. J. (eds), *International Encyclopedia of Human Geography*. New York: Elsevier, vol. 5, pp. 389–95.

Chaban, M. (2015) Jersey City proposes legislation to legalize Airbnb. *The New York Times*, 11 October. Available at: <http://www.nytimes.com/2015/10/12/nyregion/jersey-city-proposes-legislation-to-legalize-airbnb.html>.

Chen, M. (2016) The Guggenehim doesn't want labor activists interfering with its luxurious Abu Dhabi outpost. *The Nation*, 25 April. Available at: <https://www.thenation.com/article/the-guggenheim-doesnt-want-labor-activists-interfering-with-its-luxurious-abu-dhabi-outpost/>.

Chernilo, D. (2006) Social theory's methodological nationalism: Myth and reality. *European Journal of Social Theory* 9(1): 5–22.

Clinton, B. (1995) Untitled. In *The National Homeownership Strategy: Partners in the American Dream*. Washington, DC: US Department of Housing and Urban Development, unpaged.

Cochrane, A., Peck J. and Tickell, A. (1996) Manchester plays the game: Exploring the local politics of globalization. *Urban Studies* 33(8): 1319–36.

Cohen, J. and Garcia, M. (2016) Chicago State University declares financial crisis due to state budget mess. *Chicago Tribune*, 4 February. Available at: <http://www.chicagotribune.com/news/ct-chicago-state-university-financial-crisis-20160204-story.html>.

Comaroff, J. and Comaroff, J. L. (2000) Millennial capitalism: First thoughts on a second coming. *Public Culture* 12(2): 291–343.

Comaroff, J. and Comaroff, J. L. (2012) *Theory from the South: How Euro-America is Evolving toward Africa*. Boulder, CO: Paradigm.

Connell, R. (2007) *Southern Theory: The Global Dynamics of Knowledge in Social Science*. Cambridge: Polity.

Connors, W. (2014) Google, Microsoft expose Brazil's favelas. *The Wall Street Journal*, 29 September. Available at: <http://www.wsj.com/articles/google-microsoft-expose-brazils-favelas-1411659687>.

Cooke, P. and Morgan, P. (1999) *The Associational Economy: Firms, Regions, and Innovation*. Oxford: Oxford University Press.

Coppola, A. and Vanolo, A. (2015) Normalizing autonomous spaces: Ongoing transformations in Christiania, Copenaghen. *Urban Studies* 52(6): 1152–68.

Crary, J. (2013) *24/7: Late Capitalism and the Ends of Sleep*. London: Verso.

Croce, B. (1921) *Theory and History of Historiography*. London: Harrap & Co. (1st edn 1915).

Croll, E. (2006) *China's New Consumers: Social Development and Domestic Demand*. London: Routledge.

Davies, W. (2015) *The Happiness Industry: How the Government and Big Business Sold us Well-Being*. London: Verso.

Davis, D. S. (2000) Introduction: A revolution in consumption. In Davis, D. S. (ed.) *The Consumer Revolution in Urban China*. Berkeley, CA: University of California Press, pp. 1–24.

Day, E. (2015) #BlackLivesMatter: The birth of a new civil rights movement. *The Guardian*, 19 July. Available at: <https://www.theguardian.com/world/2015/jul/19/blacklivesmatter-birth-civil-rights-movement>.

De Brunhoff, S. (1976) *Marx on Money*. New York: Urizen Books.

Dean, J. (2009) *Democracy and Other Neoliberal Fantasies: Communicative Capitalism and Left Politics*. Durham, NJ: Duke University Press.

Dean, M. (2010) *Governmentality: Power and Rule in Modern Society*. London: Sage.

Dear, M. and Flusty, S. (1998) Postmodern urbanism. *Annals of the Association of American Geographers* 88(1): 50–72.

Debord, G. (1990) *Comments on the Society of the Spectacle*. London: Verso (1st edn 1988).

Deleuze, G. (1992) Postscript on the society of control. *October* 59: 3–7 (1st edn 1990).

Deleuze, G. (1994) *Difference and Repetition*. New York: Columbia University Press (1st edn 1968).

Deleuze, G. and Guattari, F. (1987) *A Thousand Plateaus: Capitalism and Schizophrenia*. Minneapolis, MN: Minnesota University Press (1st edn 1980).

Desmond, D. (2012) Eviction and the reproduction of urban poverty. *American Journal of Sociology* 118(1): 88–133.

Dicken, P. (1986) *The Global Shift: Industrial Change in a Turbulent World*. London: Harper & Row.

Dicken, P. (2011) *The Global Shift: Mapping the Changing Contours of the World Economy*. London: Sage.

Dougherty, C. (2016) In cramped and costly Bay Area, cries to build, baby, build. *The New York Times*, 16 April. Available at: <http://www.nytimes.com/2016/04/17/business/economy/san-francisco-housing-tech-boom-sf-barf.html>.

Douthat, R. (2015) Is Donald Trump a fascist?. *The New York Times*, 3 December. Available at: <http://www.nytimes.com/2015/12/03/opinion/campaign-stops/is-donald-trump-a-fascist.html>.

Drucker, P. (1993) *Postcapitalist Society*. New York: Harper Business.

Dunlap, D. D. (1987) Scrutinizing the legacy of Robert Moses. *The New York Times*, 11 May. Available at: <http://www.nytimes.com/1987/05/11/nyregion/scrutinizing-the-legacy-of-robert-moses.html>.

Economist, The (2009) Turning their backs on the world. 19 February. Available at: <http://www.economist.com/node/13145370>.

Economist, The (2011) Taming Leviathan: Special report on the future of the state. 19 March. Available at: <http://www.economist.com/node/18359896>.

Economist, The (2014) A Cambrian moment: Special report on tech startups. 18 January. Available at: <http://www.economist.com/news/special-report/21593580-cheap-and-ubiquitous-building-blocks-digital-products-and-services-have-caused>.

Economist Intelligence Unit (2012) *Super-sized Cities: China's 13 Megalopolises*. London: The Economist.

Eisenhauer, E. (2001) In poor health: Supermarket redlining and urban nutrition. *GeoJournal* 53(2): 125–33.

Eisinger, P. K. (1988) *The Rise of the Entrepreneurial State: State and Local Economic Development Policy in the United States*. Madison, WI: The University of Wisconsin Press.

Elias, N. (2000) *The Civilizing Process: Sociogenetic and Psycogenetic Investigations*. Oxford: Blackwell (1st edn 1939).

Enright, T. and Rossi , U. (Forthcoming) Ambivalence of the commons. In Miller, B., Jonas, A., Ward, K. and Wilson, D. (eds), *Handbook on Spaces of Urban Politics*. Abingdon: Routledge.

Erikson, E. H. (1994) *Identity: Youth and Crisis*. New York: Norton (1st edn 1968).

Esposito, R. (2012) *Living Thought. The Origins and Actuality of Italian Philosophy*. Stanford, CA: Stanford University Press (1st edn 2010).

Esposito, R. (2016) *Da fuori. Una filosofia per l'Europa*. Turin: Einaudi.

Farinelli, F. (2003) *Geografia: Un'introduzione ai modelli del mondo*. Turin: Einaudi.

Featherstone, M. (1991) *Consumer Culture and Postmodernism*. Thousand Oaks, CA: Sage.

Feng, E. (2016) Skyscrapers' rise in China marks the fall of immigrant enclaves. *The New York Times*, 19 July. Available at: <http://www.nytimes.com/2016/07/20/world/asia/skyscrapers-rise-in-china-mark-the-fall-of-immigrant-enclaves.html?_r=0>.

Ferguson, J. and Gupta, A. (2002) Spatializing states: Toward an ethnography of neoliberal governmentality. *American Ethnologist* 29(4): 981–1002.

Finamore, C. (2016) Black homes matter: San Francisco's vanishing black population. *San Francisco Bay View. National Black Newspaper*, 11 January. Avail-

able at: <http://sfbayview.com/2016/01/black-homes-matter-san-franciscos-vanishing-black-population/>.
Florida, R. (2002) *The Rise of the Creative Class: And How it's Transforming Work, Leisure, Community, and Everyday Life*. New York: Basic Books.
Florida, R. (2012) *The Rise of the Creative Class – Revised and Expanded*. New York: Basic Books.
Florida, R., Mellander, C. and Rentfrow, P. J. (2013) The happiness of cities. *Regional Studies* 47(4): 613–27.
Florida, R. (2014) *Startup City: The Urban Shift in Venture Capital and High Technology*. Toronto: Martin Prosperity Institute.
Florida, R., Matheson, Z., Adler, P. and Brydges, T. (2014) *The Divided City: And the Shape of the New Metropolis*. Toronto: Martin Prosperity Institute.
Foglesong, R. E. (2001) *Married to the Mouse: Walt Disney World and Orlando*. New Haven, CT: Yale University Press.
Foroohar, R. (2016) American capitalism's great crisis. *Time*, 12 May. Available at: <http://time.com/4327419/american-capitalisms-great-crisis/>.
Foucault, M. (1982) The subject and power. *Critical Inquiry* 8(4): 777–95.
Foucault, M. (1990) *The History of Sexuality. Volume 1: An Introduction*. New York: Vintage (1st edn 1976).
Foucault, M. (1995) *Discipline and Punish: The Birth of the Prison*. New York: Vintage (1st edn 1975).
Foucault, M. (2008), *The Birth of Biopolitics: Lectures at the College de France, 1978–79*. Basingstoke: Palgrave Macmillan (1st edn 2004).
Fourastié, J. (1979) *Les trente glorieuses, ou la révolution invisible de 1946 à 1975*. Paris: Fayard.
French, D. E. (2010) *Walk Away: The Rise and Fall of the Home-ownership Myth*. Auburn, AL: Ludwig von Mises Institute.
Friedmann, J. (1966) *Regional Development Policy: A Case Study of Venezuela*. Cambridge, MA: MIT Press.
Friedmann, J. (1986) The world city hypothesis. *Development and Change* 17(1): 69–83.
Friedmann, J. and Wolff, G. (1982) World city formation: An agenda for research and action. *International Journal of Urban and Regional Research* 6(3): 309–44.
Fujita, K. (2003) Neo-industrial Tokyo: Urban development and globalisation in Japan's state-centred developmental capitalism. *Urban Studies* 40(2): 249–81.
Fukuyama, F. (1997) *Trust: The Social Virtues and the Creation of Prosperity*. New York: Free Press.
Garreau, J. (1991) *Edge City: Life on the New Frontier*. New York: Doubleday.

Giddens, A. (1991) *Modernity and Self-identity: Self and Society in the Late Modern Age*. Cambridge: Polity.
Giddens, A. (1998) *The Third Way: The Renewal of Social Democracy*. Cambridge: Polity.
Glaeser, E. L. (2011) *Triumph of the City: How Our Greatest Invention Makes Us Richer, Smarter, Greener, Healthier and Happier*. New York: Penguin.
Glassman, J. (2006) Primitive accumulation, accumulation by dispossession, accumulation by 'extra-economic means'. *Progress in Human Geography* 30(5): 608–25.
Gómez, M. V. and González, S. (2001) A reply to Beatriz Plaza's 'The Guggenheim-Bilbao museum effect'. *International Journal of Urban and Regional Research* 25(4): 898–900.
González, S. (2006) Scalar narratives in Bilbao: A cultural politics of scale approach to the study of urban policy. *International Journal of Urban and Regional Research* 30(4): 836–57.
González, S. (2011) Bilbao and Barcelona 'in motion': How urban regeneration 'models' travel and mutate in the global flows of policy tourism. *Urban Studies* 48(7): 1397–1418.
Gordon, C. (1991) Governmental rationality: An introduction. In Burchell, G., Gordon, C. and Miller, P. (eds) *Studies in Governmentality*. Chicago, IL: University of Chicago Press, pp. 1–52.
Gordon, D. M., Edwards, R. and Reich, M. (1994) Long swings and stages of capitalism. In Kotz, D. M., McDonough, T. and Reich, M. (eds), *Social Structures of Accumulation: The Political Economy of Growth and Crisis*. Cambridge: Cambridge University Press, pp. 11–28.
Gotham, K. F. (2009) Creating liquidity out of spatial fixity: The secondary circuit of capital and the subprime mortgage crisis. *International Journal of Urban and Regional Research* 33(2): 355–71.
Gottmann, J. (1962) *Megalopolis: The Urbanized Northeastern Seaboard of the United States*. Cambridge, MA: MIT Press.
Greenberg, M. (2008) *Branding New York: How a City in Crisis was Sold to the World*. London: Routledge.
Gross, D. (2009) Globalization slows down. *Newsweek*, 11 December. Available at: <http://europe.newsweek.com/globalization-slows-down-75735?rm=eu>.
Hägerstrand, T. (1967) *Innovation Diffusion as a Spatial Process*. Chicago, IL: University of Chicago Press.
Hall, P. (1998) *Cities in Civilization. Culture, Innovation, and Urban Order*. London: Weidenfield & Nicolson.
Hall, P. and Pain, K. (2006) (eds) *The Polycentric Metropolis: Learning from Mega-city Regions in Europe*. London: Earthscan.

Hall, P. A. and Soskice, D. (2001) (eds) *Varieties of Capitalism: The Institutional Foundations of Comparative Advantage*. Oxford: Oxford University Press.

Hall, T. and Hubbard, P. (1998) (eds) *The Entrepreneurial City: Geographies of Politics, Regime and Representation*. Chichester: Wiley.

Hannerz, U. (1996) *Transnational Connections: Culture, People, Places*. London: Routledge.

Hardt, M. and Negri, A. (1994) *Labor of Dionysus: A Critique of the State-form*. Minneapolis, MN: Minnesota University Press.

Hardt, M. and Negri, A. (2000) *Empire*. Cambridge, MA: Harvard University Press.

Hardt, M. and Negri, A. (2009) *Commonwealth*. Cambridge, MA: Belknap Press of Harvard University Press.

Harvey, D. (1978) The urban process under capitalism. *International Journal of Urban and Regional Research* 2(1–4): 101–31.

Harvey, D. (1982) *The Limits to Capital*. Oxford: Blackwell.

Harvey, D. (1989a) *The Urban Experience*. Baltimore, MA: The Johns Hopkins University Press.

Harvey, D. (1989b) From managerialism to entrepreneurialism: The transformation in urban governance in late capitalism. *Geografiska Annaler B: Human Geography* 71(1): 3–17.

Harvey, D. (1989c) *The Condition of Postmodernity: An Enquiry into the Origins of Cultural Change*. Oxford: Blackwell.

Harvey, D. (2003) *The New Imperialism*. Oxford: Oxford University Press.

Harvey, D. (2010) *A Companion to Marx's Capital*. London: Verso.

Harvey, D. (2012) *Rebel Cities: From the Right to the City to the Urban Revolution*. London: Verso.

Hernandez, J. (2009) Redlining revisited: Mortgage lending patterns in Sacramento 1930–2004. *International Journal of Urban and Regional Research* 33(2): 291–313.

Hodgson, G. M. (2015) *Conceptualizing Capitalism: Institutions, Evolution, Future*. Chicago, IL: University of Chicago Press.

Holgersen, S. (2015) Economic crisis, (creative) destruction, and the current urban condition. *Antipode* 47(3): 689–707.

Huang, Y. (2008) *Capitalism with Chinese Characteristics: Entrepreneurship and the State*. Cambridge: Cambridge University Press.

Huron, A. (2015) Working with strangers in saturated space: Reclaiming and maintaining the urban commons. *Antipode* 47(4): 963–79.

Ingham, G. (2008) *Capitalism*. Cambridge: Polity.

Irwin, N. (2016) Can U.S. remain an island of stability in the global economy? *The New York Times*, 7 January. Available at: <http://www.nytimes.com/

2016/01/08/upshot/can-us-remain-an-island-of-stability-in-the-global-economy.html>.

Isin, E. F. (2008) Theorizing acts of citizenship. In Isin, E. F. and Nielsen, G. M. (eds), *Acts of Citizenship*. London: Zed Books, pp. 15–43.

Ivory, D., Protess, B. and Bennett, K. (2016) When you dial 911 and Wall Street answers. *The New York Times*, 25 June. Available at: <http://www.nytimes.com/2016/06/26/business/dealbook/when-you-dial-911-and-wall-street-answers.html?_r=0>.

Jacobs, J. (1961) *The Death and Life of Great American Cities*. New York: Random House.

Jacobs, J. (1969) *The Economy of Cities*. New York: Random House.

Jameson, F. (1979) Reification and utopia in mass culture. *Social Text* 1: 130–48.

Jameson, F. (1991) *Postmodernism, or the Cultural Logic of Late Capitalism*. Durham, NC: Duke University Press.

Jameson, F. (2010) *Valences of the Dialectic*. London: Verso.

Jessop, B. (1990) *State Theory: Putting the Capitalist State in its Place*. Cambridge: Polity.

Jessop B. (1994) Post-Fordism and the state. In A. Amin (ed.), *Post-Fordism. A Reader*. Oxford: Blackwell, pp. 251–79.

Jessop, B. (1997) A neo-Gramscian approach to the regulation of urban regimes: Accumulation strategies, hegemonic projects and governance. In Lauria, M. (ed.), *Reconstructing Urban Regime Theory: Regulating Urban Politics in a Global Economy*. Thousand Oaks, CA: Sage, pp. 51–73.

Jessop, B. (2002a) Liberalism, neo-liberalism and urban governance: A state-theoretical perspective. *Antipode* 34(3): 452–72.

Jessop, B. (2002b) *The Future of the Capitalist State*. Cambridge: Polity.

Jessop, B. (2004) Critical semiotic analysis and cultural political economy. *Critical Discourse Studies* 1(2): 159–74.

Jessop, B. (2011) Rethinking the diversity and variability of capitalism. In Lane, C. and Wood, G. (eds), *Capitalist Diversity and Diversity within Capitalism*. London: Routledge, pp. 209–37.

Jessop, B. (2016) Territory, politics, governance and multispatial metagovernance. *Territory, Politics, Governance* 4(1): 8–32.

Jessop, B. and Sum, N.-L. (2000) An entrepreneurial city in action: Hong Kong's emerging strategies in and for (inter)urban competition. *Urban Studies* 37(12): 2287–2313.

Jessop, B., Brenner, N. and Jones, M. (2008) Theorizing socio-spatial relations. *Environment and Planning D: Society and Space* 26(3): 389–401.

Johnson, I. (2013) China's great uprooting: Moving 250 million into cities. *The New York Times*, 15 June. Available at: <http://www.nytimes.com/2013/

06/16/world/asia/chinas-great-uprooting-moving-250-million-into-cities.html?pagewanted=all>.

Jones, C. and Murie, A. (2006) *The Right to Buy: Analysis and Evaluation of a Housing Policy*. Oxford: Blackwell.

Joseph, B. W. (2005) An interview with Paolo Virno. *Grey Room*, 21: 26–37.

Joseph, M. (2002) *Against the Romance of Community*. Minneapolis, MN: University of Minnesota Press.

Joseph, M. (2014) *Debt to Society: Accounting for Life under Capitalism*. Minneapolis, MN: University of Minnesota Press.

Judd, D. R. and Swanstrom, T. (2014) *City Politics: The Political Economy of Urban America*. Boston, MA: Pearson.

Jurgenson, N. (2010) The de-Mcdonaldization of the Internet. In Ritzer, G. (ed.), *The McDonaldization Reader*. Thousand Oaks, CA: Pine Forge Press, pp. 159–70.

Kagan, P. (2016) This is how fascism comes to America. *The Washington Post*, 18 May. Available at: <https://www.washingtonpost.com/opinions/this-is-how-fascism-comes-to-america/2016/05/17/c4e32c58-1c47-11e6-8c7b-6931e66333e7_story.html>.

Kasperkevic, J. (2016) Co-living – the companies reinventing the idea of roommates. *Guardian*, 20 March. Available at: <https://www.theguardian.com/business/2016/mar/20/co-living-companies-reinventing-roommates-open-door-common->.

Katz, B. And Bradley, J. (2013) *The Metropolitan Revolution: How Cities and Metros are Fixing Our Broken Politics and Fragile Economy*. Washington, DC: Brookings Institution Press.

Kaysen, R. (2015) The millennial commune. *The New York Times*, 31 July. Available at: <http://www.nytimes.com/2015/08/02/realestate/the-millennial-commune.html>.

Kellner, D. (2005) Frankfurt School. In Kitzer, G. (ed.), *Encyclopedia of Social Theory*. Thousand Oaks, CA: Sage, vol. 2, pp. 290–3.

Khomami, N. and Halliday, J. (2015) Shoreditch cereal killer cafe targeted in anti-gentrification protests. *Guardian*, 27 September. Available at: <https://www.theguardian.com/uk-news/2015/sep/27/shoreditch-cereal-cafe-targeted-by-anti-gentrification-protesters>.

Kiviat, B. (2010) Rethinking homeownership. Why owning a home may no longer make economic sense. *Time*, 6 September. Available at: <http://content.time.com/time/covers/0,16641,20100906,00.html>.

Kling, R., Olin, S. and Poster, M. (1991) The emergence of postsuburbia: An introduction. In Kling, R., Olin, S. and Poster, M. (eds), *Postsuburban California: The Transformation of Orange County since World War II*. Berkeley, CA: University of California Press, pp. 1–30.

Krätke, S. (2014) Cities in contemporary capitalism. *International Journal of Urban and Regional Research* 38(5): 1660–70.

Krippner, G. R. (2005) The financialization of the American economy. *Socio-Economic Review* 3(2): 173–208.

Krugman, P. (2015) Voodoo never dies. *The New York Times*, 2 October. Available at: <http://www.nytimes.com/2015/10/02/opinion/voodoo-never-dies.html>.

Landry, C. and Bianchini, F. (1995) *The Creative City*. London: Demos.

Larner, W. (2000) Neo-liberalism: Policy, ideology, governmentality. *Studies in Political Economy* 63: 5–26.

Lazzarato, M. (1994) Berlusconi: l'entrepreneur politique. *Futur Antérieur* 3–4: 23–4.

Lazzarato, M. (2009) Neoliberalism in action: Inequality, insecurity and the reconstitution of the social. *Theory, Culture & Society* 26(6): 109–33.

Lazzarato, M. (2012) *The Making of the Indebted Man: An Essay on the Neoliberal Condition*. Los Angeles, CA: Semiotext(e).

Lazzarato, M. (2014) *Signs and Machines: Capitalism and the Production of Subjectivities*. Los Angeles, CA: Semiotext(e).

Lears, T. J. J. (1985) The concept of cultural hegemony: Problems and possibilities. *American Historical Review* 90(3): 567–93.

Lefebvre, H. (2003) *The Urban Revolution*. Minneapolis, MN: University of Minnesota Press (1st edn 1970).

Lemke, T. (2001) The birth of bio-politics: Michel Foucault's lecture at the Collège de France on neo-liberal governmentality. *Economy and Society* 30(2): 190–207.

Lenin, V. I. (2004) *The Development of Capitalism in Russia*. Honolulu, HI: University Press of the Pacific (1st edn 1899).

Levinson, M. (2006) *The Box: How the Shipping Container Made the World Small and the World Economy Bigger*. Princeton, NJ: Princeton University Press.

Logan, J. R. and Molotch, H. L. (1987) *Urban Fortunes: The Political Economy of Place*. Berkeley, CA: University of California Press.

Longman, P. (2015) Why the economic fates of America's cities diverged. *The Atlantic*, 28 November. Available at: <http://www.theatlantic.com/business/archive/2015/11/cities-economic-fates-diverge/417372/>.

López-Morales, E. J. (2010) Real estate market, state-entrepreneurialism and urban policy in the 'gentrification by ground rent dispossession' of Santiago de Chile. *Journal of Latin American Geography* 9(1): 145–73.

Lordon, F. (2014) *Willing Slaves of Capital: Spinoza and Marx on Desire*. London: Verso (1st edn 2010).

Lukács, G. (1999) *History and Class Consciousness*. Cambridge, MA: MIT Press (1st edn 1923).
Luogo Comune (1993) *Tesi sul nuovo fascismo europeo* 3(4): 6–8.
Luxembourg, R. (2003) *The Accumulation of Capital*. London: Routledge (1st edn 1913).
McCann, E. (2011) Urban policy mobility and global circuits of knowledge. *Annals of the Association of American Geographers* 101(1): 107–30.
McCann, E. and Ward, K. (2010) Relationality/territoriality: Toward a conceptualization of cities in the world. *Geoforum* 41(2): 175–84.
McFarlane, C. (2012) The entrepreneurial slum: Civil society, mobility and the co-production of urban development. *Urban Studies* 49(13): 2795–2816.
Machimura, T. (1992) The urban restructuring process in Tokyo in the 1980s: Transforming Tokyo into a world city. *International Journal of Urban and Regional Research* 16(1): 114–28.
Marazzi, C. (2010) *The Violence of Financial Capitalism*. Los Angeles, CA: Semiotext(e).
Marazzi, C. (2011) *Capital and Affects: The Politics of the Language Economy*. Los Angeles, CA: Semiotext(e).
Marazzi, C. (2012) *Capital and Language: From the New Economy to the War Economy*. Los Angeles, CA: Semiotext(e).
Marcuse, H. (1991) *One-Dimensional Man: Studies in the Ideology of Advanced Industrial Society*. London and New York: Penguin (1st edn 1964).
Marinetto, M. (2003) Who wants to be an active citizen? The politics and practice of community investment. *Sociology* 37(1): 103–20.
Martin, R. (2002) *The Financialization of Daily Life*. Philadelphia, PA: Temple University Press.
Marx, K. (1973) *Grundrisse: Introduction to the Critique of Political Economy*. New York: Random House (1st edn 1857–58).
Mason, P. (2015) *Postcapitalism: A Guide to Our Future*. London: Allen Lane.
Massad, J. A. (2015) *Islam in Liberalism*. Chicago, IL: University of Chicago Press.
Mitchell, T. (2011) *Carbon Democracy: Political Power in the Age of Oil*. London: Verso.
Moretti, E. (2012) *The New Geography of Jobs*. Boston, MA: Mariner Books.
Mukhija, V. (2003) *Squatters as Developers? Slum Demolition and Redevelopment in Mumbai*. Aldershot: Ashgate.
Nathan, M. and Vandore, E. (2014) Here be start-ups: Exploring London's 'Tech City' digital cluster. *Environment and Planning A* 46(10): 2283–99.
National Commission (2011) *The Financial Crisis Inquiry Report*. Washington, DC: Official Government Edition.

Negri, A. (1989) *Marx beyond Marx: Lessons on the Grundrisse*. New York: Autonomedia (1st edn 1979).
Negri, A. (1991) *The Savage Anomaly: The Power of Spinoza's Metaphysics and Politics*. Minneapolis, MN: University of Minnesota Press (1st edn 1981).
O'Connor, J. (1973) *The Fiscal Crisis of the State*. New York: St Martin's Press.
Ohmae, K. (1990) *The Borderless World: Power and Strategy in the Interlinked Economy*. London: Collins.
Ong, A. (2006) *Neoliberalism as Exception: Mutations in Citizenship and Sovereignty*. Durham, NC: Duke University Press.
Ong, A. (2007) Neoliberalism as a mobile technology. *Transactions of the Institute of British Geographers* 32(1): 3–8.
Patel, R. (2007) *Stuffed and Starved: Markets, Power and the Hidden Battle for the World Food System*. London: Portobello Books.
Patel, R. (2010) *The Value of Nothing: How to Reshape Market Society and Redefine Democracy*. New York: Picador.
Peck, J. (2001) Neoliberalizing states: Thin policies/hard outcomes. *Progress in Human Geography* 25(3): 445–55.
Peck, J. (2010) *Constructions of Neoliberal Reason*. New York: Oxford University Press.
Peck, J. (2012) Austerity urbanism. *City* 16(6): 626–55.
Peck, J. (2015) Cities beyond compare? *Regional Studies* 49(1): 160–82.
Peck, J. and Theodore, N. (2007) Variegated capitalism. *Progress in Human Geography* 31(6): 731–72.
Peck, J. and Theodore, N. (2015) *Fast Policy: Experimental Statecraft at the Threshold of Neoliberalism*. Minneapolis, MN: University of Minnesota Press.
Peck, J. and Zhang, J. (2013) A variety of capitalism … with Chinese characteristics? *Journal of Economic Geography* 13(3): 357–96.
Pelkonen, A. (2005) State restructuring, urban competitiveness policies and technopole building in Finland: A critical view on the glocal state thesis. *European Planning Studies* 13(5): 685–705.
Perelman, M. (2000) *The Invention of Capitalism: Classical Political Economy and the Secret History of Primitive Accumulation*. Durham, NC: Duke University Press.
Peterson, P. (1981) *City Limits*. Chicago, IL: University of Chicago Press.
Philippe, D. (2006) Nicolas Sarkozy veut faire de la France 'un pays de propriétaires'. *Le Moniteur.fr*, 12 December. Available at: <http://www.lemoniteur.fr/article/nicolas-sarkozy-veut-faire-de-la-france-un-pays-de-proprietaires-75473>.

Piketty, T. (2014) *Capital in the Twenty-First Century*. Cambridge, MA: Belknap Press.

Piore, M. and Sabel, C. (1984) *The Second Industrial Divide: Possibilities for Prosperity*. New York: Basic Books.

Pirenne, H. (1956) *Medieval Cities: Their Origins and the Revival of Trade*. Princeton, NJ: Princeton University Press (1st edn 1925).

Polanyi, K. (2001) *The Great Transformation: The Political and Economic Origins of Our Time*. Boston, MA: Beacon Press (1st edn 1944).

Ponzini, D. (2011) Large-scale development projects and star architecture in the absence of democratic politics: The case of Abu Dhabi, UAE. *Cities* 28(3): 251–9.

Ponzini, D. and Rossi, U. (2010) Becoming a creative city: The entrepreneurial mayor, network politics and the promise of an urban renaissance. *Urban Studies* 47(5): 1037–57.

Porter, M. (1985) *Competitive Advantage: Creating and Sustaining Superior Performance*. New York: Simon and Schuster.

Povinelli, E. (2011) *Economies of Abandonment: Social Belonging and Endurance in Late Liberalism*. Durham, NC: Duke University Press.

Purcell, M. (2013) *The Down-deep Delight of Democracy*. Malden, MA: Wiley-Blackwell.

Putnam, R. (1993) *Making Democracy Work: Civic Traditions in Modern Italy*. Princeton, NJ: Princeton University Press.

Putnam, R. (2000) *Bowling Alone: The Collapse and Revival of American Community*. New York: Simon & Schuster.

Reba, M., Reitsma, F. and K. C. Seto (2016) Spatializing 6,000 years of global urbanization from 3700 BC to AD 2000. *Scientific Data* 3, doi: 10.1038/sdata.2016.34.

Reinhart, C. M. and Rogoff, K. S. (2009) *This Time is Different: Eight Centuries of Financial Folly*. Princeton, NJ: Princeton University Press.

Richburg, K. B. (2010) Disneyland project in Shanghai spotlights forced evictions in China. *The Washington Post*, 19 June. Available at: <http://www.washingtonpost.com/wp-dyn/content/article/2010/06/18/AR2010061805277.html>.

Rickards, L., Gleeson, B., Boyle, M. and O'Callaghan, C. (2016) Urban studies after the age of the city. *Urban Studies* 53(8): 1523–41.

Rifkin, J. (2004) *The European Dream: How Europe's Vision of the Future is Quietly Eclipsing the American Dream*. Cambridge: Polity.

Rifkin, J. (2014) *The Zero Marginal Cost Society*. New York: Palgrave Macmillan.

Ritzer, G. (1983) The 'McDonaldization' of society. *Journal of American Culture* 6(1): 100–7.

Ritzer, G. and Jurgenson, N. (2010) Production, consumption, prosumption: The nature of capitalism in the age of the 'digital prosumer'. *Journal of Consumer Culture* 10(1): 10–36.

Robinson, J. (2006) *Ordinary Cities: Between Modernity and Development*. London: Routledge.

Robinson, J. (2011) Cities in a world of cities: The comparative gesture. *International Journal of Urban and Regional Research* 35(1): 1–23.

Robinson, J. (2016) Thinking cities through elsewhere: Comparative tactics for a more global urban studies. *Progress in Human Geography* 40(1): 3–29.

Rodríguez-Pose, A. (2008) The rise of the 'city-region' concept and its development policy implications. *European Planning Studies* 16(8): 1025–46.

Ronald, R. (2008) *Homeownership: Homeowner Societies and the Role of Housing*. Basingstoke: Palgrave Macmillan.

Rossi, U. (2010a) The capitalist city. In Hutchison, R. (ed.), *Encyclopedia of Urban Studies*. Los Angeles, CA: Sage, vol. 1, pp. 109–12.

Rossi, U. (2010b) Manuel Castells. In Hutchison, R. (ed.), *Encyclopedia of Urban Studies*. Los Angeles, CA: Sage, vol. 1, pp. 114–99.

Rossi, U. (2013a) On the varying ontologies of capitalism: Embeddedness, dispossession, subsumption. *Progress in Human Geography*, 37(3): 348–65.

Rossi U. (2013b) On life as a fictitious commodity: Cities and the biopolitcs of late neoliberalism. *International Journal of Urban and Regional Research* 37(3): 1067–74.

Rossi, U. (2016) The variegated economics and the potential politics of the smart city. *Territory, Politics, Governance* 4(3): 337–53.

Rossi, U. (Forthcoming) Neoliberalism. In Jayne, M. and Ward, K. (eds), *Urban Theory: New Critical Perspectives*. Abingdon: Routledge.

Rossi, U. and Vanolo, A. (2012) *Urban Political Geographies: A Global Perspective*. London: Sage.

Roy, A. (2009) The 21st-century metropolis: New geographies of theory. *Regional Studies* 43(6): 819–30.

Roy, A. (2011) Slumdog cities: Rethinking subaltern urbanism. *International Journal of Urban and Regional Research* 35(2): 223–38.

Sassen, S. (1991) *The Global City: New York, London, Tokyo*. Princeton, NJ: Princeton University Press.

Sassen, S. (1994) *Cities in a World Economy*. Thousand Oaks, CA: Pine Forge Press.

Sassen, S. (2014) *Expulsions. Brutality and Complexity in the Global Economy*. Cambridge, MA: Harvard University Press.

Sassen-Koob, S. (1986) New York City: Economic restructuring and immigration. *Development and Change* 17(1): 85–119.

Saunders, P. (1990) *A Nation of Homeowners*. London: Unwin Hyman.
Scholz, T. (2016) *Platform Cooperativism: Challenging the Corporate Sharing Economy*. New York: Rosa Luxembourg Stiftung.
Schulman, B. J. (1991) *From Cotton Belt to Sunbelt: Federal Policy, Economic Development, and the Transformation of the South, 1938–1980*. New York: Oxford University Press.
Schumpeter, J. A. (1939) *Business Cycles: A Theoretical, Historical, and Statistical Analysis of the Capitalist Process*. Chevy Chase, MD: Bartelby Books.
Scott, A. J. (1988) High technology industry and territorial development: The rise of the Orange County complex, 1955–1988. *Urban Geography* 7(1): 3–45.
Scott, A. J. (2001) Globalization and the rise of city-regions. *European Planning Studies* 9(7): 813–26.
Scott A. J. (2006) Creative cities: Conceptual issues and policy questions. *Journal of Urban Affairs* 28(1): 1–7.
Scott, A. J. (2008) *Social Economy of the Metropolis: Cognitive-cultural Capitalism and the Global Resurgence of Cities*. Oxford: Oxford University Press.
Scott, A. J. (2014) Beyond the creative city: Cognitive-cultural capitalism and the new urbanism, *Regional Studies* 48(4): 565–78.
Scott, A. J. and Storper, M. (2015) The nature of cities: The scope and limits of urban theory. *International Journal of Urban and Regional Research* 39(1): 1–15.
Sennett, R. (1976) *The Fall of Public Man*. Cambridge: Cambridge University Press.
Sennett, R. (1998) *The Corrosion of Character: The Personal Consequences of Work in the New Capitalism*. New York: Norton.
Sheppard, E. J., Leitner, H. and Maringanti, A. (2013) Provincializing global urbanism: A manifesto. *Urban Geography* 34(7): 893–900.
Shirk, S. L. (1993) *The Political Logic of Economic Reform in China*. Berkeley, CA: University of California Press.
Short, R., Breitbach, C., Buckman, S. and Essex, J. (2000) From world cities to gateway cities: Extending the boundaries of globalization theory. *City* 4(3): 317–40.
Sites, W. (2010) Progressive city. In Hutchison, R. (ed.), *Encyclopedia of Urban Studies*. Los Angeles, CA: Sage, vol. 2, pp. 610–13.
Sklair, L. (1991) *Sociology of the Global System*. New York: Harvester Wheatsheaf.
Smet, K. (2016) Housing prices in urban areas. *Progress in Human Geography* 40(4): 495–510.
Smith, M. P. (2001) *Transnational Urbanism: Locating Globalization*. Malden, MA: Blackwell.

Smith, M. P. and Feagin, J. R. (1987) (eds) *The Capitalist City: Global Restructuring and Community Politics*. Oxford: Blackwell.

Soja, E. W. (2000) *Postmetropolis: Critical Studies of Cities and Regions*. Oxford: Blackwell.

Solomon Guggenheim Foundation, The (2011) *Concept and Development Study for a Guggenheim Helsinki*. New York: Guggenheim Museum Publications.

Sorkin, M. (1992) See you in Disneyland. *Design Quarterly* 154: 5–13.

Squires, G. (2004) (ed.) *Why the Poor Pay More: How to Stop Predatory Lending*. Westport, CT: Praeger.

Srnicek, N. (2016) *Platform Capitalism*. Cambridge: Polity.

Srnicek, N. and Williams, A. (2015) *Inventing the Future: Postcapitalism and a World without Work*. London: Verso.

Stallwood, O. (2012) How Berlin is fighting back against growing anti-tourist feeling in the city. *Guardian*, 4 December. Available at: <https://www.theguardian.com/travel/2012/dec/04/berlin-fights-anti-hipster-tourism-abuse>.

Stein, J. (2015) Tales from the sharing economy. *Time*, 9 February. Available at: <http://time.com/3687335/in-the-latest-issue-21/>.

Steinmetz, K. (2014) San Francisco's new disruption. *Time*, 31 January. Available at: <http://time.com/2852/disrupted/>.

Steinmetz, K. (2016a) Inside Airbnb's plan to build a grassroots political movement. *Time*, 21 July. Available at: <http://time.com/4416136/airbnb-politics-sharing-economy-regulations-housing/>.

Steinmetz, K. (2016b) See how big the gig economy really is. *Time*, 6 January. Available at: <http://time.com/4169532/sharing-economy-poll/>.

Storper, M. (1993) Regional 'worlds' of production: Learning and innovation in the technology districts of France, Italy and the USA. *Regional Studies* 27(5): 433–55.

Storper, M. (1995) The resurgence of regions ten years later: The region as a nexus of untraded interdependences. *European Urban and Regional Studies* 2(3): 191–221.

Storper, M. (2013) *Keys to the City: How Economics, Social Interaction, and Politics Shape Development*. Princeton, NJ: Princeton University Press.

Storper, M. and Scott, A. J. (2009) Rethinking human capital, creativity and urban growth. *Journal of Economic Geography* 9(2): 147–67.

Strauss, K. (2009) Accumulation and dispossession: Lifting the veil on the subprime mortgage crisis. *Antipode* 41(1): 10–14.

Sugrue, T. J. (1996) *The Origins of the Urban Crisis: Race and Inequality in Postwar Detroit*. Princeton, NJ: Princeton University Press.

Summers, L. H. (2014) U.S. economic prospects: Secular stagnation, hysteresis, and the zero lower bound. *Business Economics* 49: 65–73.
Swarns, R. L. (2015) Biased lending evolves, and blacks face trouble getting mortgages. *The New York Times*, 30 October. Available at: <http://www.nytimes.com/2015/10/31/nyregion/hudson-city-bank-settlement.html>.
Swyngedouw, E. (1992) Neither global nor local: 'Glocalization' and the politics of scale. In Cox, K. (ed.), *Spaces of Globalization: Reasserting the Power of the Local*. New York: Guilford Press, pp. 137–66.
Swyngedouw, E. (2005) Governance innovation and the citizen: The Janus face of governance-beyond-the-state. *Urban Studies* 42(11): 1991–2006.
Tandy Shermer, E. (2011) Sunbelt boosterism: Industrial recruitment, economic development, and growth politics in the developing sunbelt. In Nickerson, M. and Dochuck, D. (eds), *Sunbelt Rising: The Politics of Space, Place and Region*. Philadelphia, PA: University of Pennsylvania Press, pp. 31–57.
Taylor, P. J. (1995) World cities and territorial states: The rise and fall of their mutuality. In Knox, P. L. and Taylor, P. J. (eds), *World Cities in a World-System*. Cambridge: Cambridge University Press, pp. 48–62.
Taylor, P. J. (2000) World cities and territorial states under conditions of globalization. *Political Geography* 19(1): 5–32.
Taylor, P. J. (2004) *World City Network: A Global Urban Analysis*. London: Routledge.
Thompson, E. P. (1963) *The Making of the English Working Class*. London: Gollancz.
Thrift N. J. (2005) *Knowing Capitalism*. London: Sage.
Tomba, M. (2009) Historical temporalities of capital: An anti-historicist perspective. *Historical Materialism* 17(4): 44–65.
Törnqvist, G. (2011) *The Geography of Creativity*. Cheltenham: Edward Elgar.
Toscano, A. (2008) The open secret of real abstraction. *Rethinking Marxism* 20(2): 273–87.
Turner, R. S. (1992) Growth politics and downtown development: The economic imperative in sunbelt cities. *Urban Affairs Review* 28(1): 3–21.
Uitermark, J. (2015) Looking for Wikitopia: The study and politics of self-organization. *Urban Studies* 52(13): 2301–12.
US Department of Housing and Urban Development (1995) *The National Homeownership Strategy: Partners in the American Dream*. Washington, DC.
van der Zwan, N. (2014) Making sense of financialization. *Socio-Economic Review* 12(1): 99–129.
Van Maanen, J. (1992) Displacing Disney: Some notes on the flow of culture. *Qualitative Sociology* 15(1): 5–35.

Vanolo, A. (2014) Smartmentality: The smart city as disciplinary strategy. *Urban Studies* 51(5): 883–98.

Vattimo, G. and Zabala, S. (2011) *Hermeneutic Communism: From Heidegger to Marx*. New York: Columbia University Press.

Vercellone, C. (2008) The new articulation of wages, rent and profit in cognitive capitalism. Paper presented at the Queen Mary University School of Management, London. Available at: <https://halshs.archives-ouvertes.fr/halshs-00265584/>.

Viita, K. (2014) Down and out in post-Nokia Finland. *Bloomberg Business*, 7 August. Available at: <http://www.bloomberg.com/news/articles/2014-08-07/nokia-decline-finlands-tech-workers-face-bleak-job-market>.

Virno, P. (1996a) Do you remember counterrevoluton?. In Hardt, M. and Virno, P. (eds), *Radical Thought in Italy: A Potential Politics*. Minneapolis, MN: Minnesota University Press, pp. 241–60.

Virno, P. (1996b) The ambivalence of disenchantement. In Hardt, M. and Virno, P. (eds), *Radical Thought in Italy: A Potential Politics*. Minneapolis, MN: Minnesota University Press, pp. 13–36.

Virno, P. (2007) General intellect. *Historical Materialism* 15(3): 3–8.

Virno, P. (2015) L'usage de la vie. *Multitudes* 58: 143–58.

Volner, I. (2015) Can the Guggenheim charm Finland? *The New Yorker*, 12 May. Available at: <http://www.newyorker.com/culture/culture-desk/can-the-guggenheim-charm-finland>.

Wachsmuth, D. (2014) Post-city politics: US urban governance and competitive multi-city regionalism. Unpublished PhD thesis, New York University.

Wacquant, L. (2012) Three steps to a historical anthropology of actually existing neoliberalism. *Social Anthropology* 20(1): 66–79.

Wallerstein, I. (1979) *The Capitalist World-System*. Cambridge: Cambridge University Press.

Ward, K. (2006) 'Policies in motion', urban management, state restructuring: The trans-local expansion of Business Improvement Districts. *International Journal of Urban and Regional Research* 30(1): 54–75.

Ward, K. (2010) Towards a relational comparative approach to the study of cities. *Progress in Human Geography* 34(4): 471–87.

Wauters, R. (2012) Airbnb: 5 million nights booked, opening 6 new international offices. *TechCrunch*, 26 January. Available at: <https://techcrunch.com/2012/01/26/airbnb-5-million-nights-booked-opening-6-new-international-offices-in-q1-2012/>.

Weber, M. (2001) *The Protestant Ethic and the Spirit of Capitalism*. London: Routledge (1st edn 1904–5).

Wiig, A. (2016) The empty rhetoric of the smart city: From digital inclusion to economic promotion in Philadelphia. *Urban Geography* 37(4): 535–53.
Wu, F. (2003) The (post-) socialist entrepreneurial city as a state project: Shanghai's reglobalisation in question. *Urban Studies* 40(9): 1673–98.
Yan, Y. (2006) McDonald's in Beijing: The localization of Americana. In Watson, J. L. (ed.), *Golden Arches East: McDonald's in East Asia*. Stanford, CA: Stanford University Press, pp. 39–76.
Young, I. M. (1990) *Justice and the Politics of Difference*. Princeton, NJ: Princeton University Press.
Žižek, S. (2008) *The Sublime Object of Ideology*. London: Verso (1st edn 1989).
Zukin, S. (2010) *Naked City: The Death and Life of Authentic Urban Places*. New York: Oxford University Press.
Zukin, S., Lindeman, S. and Hurson, L. (2015) The omnivore's neighbourhood? Online restaurant reviews, race, and gentrification. *Journal of Consumer Culture*, doi:10.1177/1469540515611203.

《城市研究系列》总目

☑ 已出版，☐ 待出版

- ☑ 马克思主义与城市
- ☑ 保卫空间
- ☑ 城市空间的社会生产
- ☑ 城市：非正当性支配
- ☑ 现代性和大都市
- ☑ 驱逐：全球经济中的野蛮性与复杂性
- ☑ 浮现的世界：21 世纪的城市与区域
- ☑ 空间问题：文化拓扑学和社会空间化
- ☑ 文化崩溃：创意阶层的衰落
- ☑ 城市的视角
- ☑ 世界城市网络：一项全球层面的城市分析
- ☑ 社会理论与城市问题
- ☑ 全球城市政治：国家的非正规化
- ☑ 城市理论与城市经验：遇见城市
- ☑ 未来是什么？
- ☑ 贫困资本：小额金融与促进发展
- ☑ 在线游戏的社会与文化意义
- ☑ 新国家空间：城市治理与国家形态的尺度重构
- ☑ 阁楼生活方式：城市变化中的文化与资本
- ☑ 边缘处的地方：现代性的另类地理
- ☑ 城市与全球资本主义
- ☐ 城市发展的基本趋势
- ☐ 大都市与精神生活
- ☐ 新城市空间：城市理论与尺度问题
- ☐ 城市发展史
- ☐ 空间、城市和社会理论
- ☐ 拱廊街计划
- ☐ 支离的都市
- ☐ 伍尔芙与伦敦：城市的性别政治
- ☐ 郊区化的世界：自外向内打造世界城市